和黄金谈恋爱

学会投资黄金的第一课！

文刚锐 著

FALL IN
LOVE
WITH GOLD

人民东方出版传媒
東方出版社

前言
PREFACE

我与黄金的 40 年爱情长跑

股票市场有一句投资格言，就是：勿与股票谈恋爱。意思是要劝告股票投资者在眼花缭乱的股票市场，有时候只能做“情场浪子”，不要对失去姿色的股票继续迷恋，抱紧不放。当股价移情别恋、连番下跌时，投资者要学会放手。如果执迷不悟，只会抱憾终生。

但黄金投资却是另一回事。你要与黄金谈一场一生一世的恋爱，才能摸清这位千金小姐的脾性，从而在黄金投资上有所收获。

相信不少参与过黄金买卖的投资者都会有同感，都知道黄金这位千金小姐的性情难以捉摸，波动特大。同一个经济数据，昨天是唱多金价，今天却把金价推低；同一条新闻，早上还说是利好金价，下午的金价就由高处跌下。

真个是：问黄金情是何物？直教金钱相许！亏损，只因你不懂与黄金谈恋爱!

初次邂逅

以“机缘巧合”来形容我进入黄金交易世界、认识这位黄金情人，是十分恰当的。回想当年刚进入银行时，我被分派到黄金部门工作，事前完全没有任何心理准备。按照银行惯例，新人在正式入职前，要先行参加一个短期的入职培训。就在这个培训结束前的最后一天，当人事部公布每个人将要加入的部门时，我真的有点莫名其妙，因为我的部门名称是“金仓股”。

“金仓股”这个所谓“股”，是在一个传统公司结构下的小组织，因为这个工作单元只有 7 个职员，连一个部门的“部”也称不上，只能称之为次一级的“股”。“金”和“仓”两字就更是令人摸不着头脑，原来，“金”是指专职负责黄金实金交易，“仓”是指负责在香港金银业贸易场进行对冲买卖，交易和管理这些持仓业务。把两者合在一起的黄金交易部门便称为“金仓股”。

就这样，在 1977 年 8 月我正式投身黄金工作后，我和黄金从认识到喜欢，从了解到相恋，开始了这场“金生金世”的恋爱。

不离不弃

现在回想起来，这段恋情可以用“惊心动魄”来形容。我见证黄金从情窦初开的每盎司 145 美元，在不到两年半的时间内飙升至每盎司 850 美元，升幅近 5 倍。我亦陪伴她度过很长一段低落的日子，金价从 1980 年 1 月初的高位下滑，在随后近 20 年中，走势反复震荡向下，至 1999 年末跌至 250 美元。

新世纪开始后，金价重搭上升轨道，只用了 7 年时间，在 2007 年 2 月重返每盎司 850 美元。之后的表现更是气势如虹，在 2011 年 9 月创出了接近每盎司 1921 美元的历史新高位。这个历史高位出现后，行情反转，来了个“四连跌”，在 2015 年 12 月跌至每盎司 1046 美元。

伴随着走势的起起伏伏，我这位黄金恋人的仰慕者和追随者也越来越多，这 40 年下来，黄金投资市场有了巨大的发展和变化。自 1974 年底美国期金市场开放黄金投资交易后，美国期金市场经历了多次整合，目前是 COMEX 一枝独秀，成为黄金市场和黄金价格波动的火车头。中国黄金市场虽然起步较晚，国内投资者从 2000 年开始才能自由买卖黄金，但上海黄金交易所自2002年10月开始运营后，短短十多年光景，已经成为全球最活跃的黄金交易所之一。

一生一世

从2008年开始，我每周撰写一份黄金分析报告，在报告的最后部分总会来一个对未来一周的黄金走势预测。说来厉害，当我每年去统计这些预测的准确率时，发现这个准确率可以稳定保持在80%~85%。有人问我，如何能这样准确地判断出金价走势？我说，因为我了解黄金，我是用满腔热情去接触和认识黄金，用对待恋人的体贴入微去关注和洞察其价格变化。她的一举一动、一颦一笑，怎能逃过我的法眼？我当然容易去把握她的情绪和走势。

从初次邂逅到今天，我和黄金已经谈了快40年的恋爱，我想我还会继续下去，一生一世地和她谈恋爱。在这40年的爱情长跑中，我曾亲自参与黄金业务中的多个部分，如今我将自己的亲身经历以及在这个过程中积累的所思所感所悟落笔成书，和大家细诉我与黄金的情缘故事，相信对有意于黄金投资的读者能有所裨益。我的忠告是，大家在投资黄金时，一定要和她交心、谈心，这样才能得心应手、手到擒来。

百年一邂逅，齐来共论金！就让我和黄金的恋爱经验，变为你投资黄金的参考秘籍吧！

投资和恋爱的说法

在投资用语上，“仓”一字是指投资者持有的“仓位”，英文可以用“Position”来表示。去做一笔买卖，可以说开仓“Open a Position”，投资者看好后市（Bull），去买入（Buy），就是持有了多仓“Long Position”；投资者看淡后市（Bear），去卖出（Sell），如果是投机性的抛空，是“Short Sell”，持有的就是空仓“Short Position”。

“平仓”作为动词，英文是“Liquidate”，平仓后没有仓位，英文是“No Position”，但老外交易员可以说“I am flat”（即没有仓位之意）。

当我们准备谈恋爱时，首先要知道对方是否已经有“持仓”？有多少“仓”？如果对方单身，英文是“Single”，有意接受别人的、心态上是开放的，可说成是“Open”。但在投资上，空仓不能说成“Open Interest”，因为“Open Interest”是指已经有仓位的数量，并不是说没有仓位。

看准了对象，你便要套期保值，“Hedge”了便没有风险，进而结婚“Married”。但假如碰到一个MBA，这是暗喻“M–Married，B–But，A–Available”，意思是“结婚了但仍自由”，就知道这仓位不能持有，必须及早平仓，甚至是止损（Stop Loss）离场。

目录

CONTENTS

第一章 揭开黄金面纱 /001

1.1 金本位制（Gold Standard） /002

1.2 黄金圈中人 /003

黄金情话 黄金属家族成员

1.3 黄金供求的博弈 /007

1.4 黄金供应的数字和分析 /008

1.5 黄金的生产成本 /009

1.6 世界黄金协会（Word Gold Council） /011

黄金情话 黄金从业员的工资

黄金情话 黄金反托勒斯组织（GATA）

1.7 黄金的需求和变化 /015

1.8 黄金供求对金价的影响 /016

1.9 黄金和白银 /017

1.10 白银投资市场的概况和运作 /019

黄金情话 亨特兄弟的成败

第二章 黄金多面体 /023

2.1 黄金储备 /024

2.2 华盛顿协议（Washington Agreement） /026

黄金情话 来自央行的黄金交易

2.3 国际货币基金组织（IMF） /028
2.4 中国黄金储备之谜 /029
黄金情话 1054的意义
2.5 黄金的商品和金融特性 /032
2.6 黄金市场和外汇市场 /034
2.7 黄金和美元的关系 /035
2.8 黄金和其他货币的关系 /037
2.9 人民币黄金价格 /039

第三章 世界黄金市场 /043
3.1 国际黄金市场的组成 /044
3.2 香港金银业贸易场 /046
黄金情话 黄金买卖24小时
黄金情话 司马两的黄金单位
3.3 黄金现货的交易和结算 /051
3.4 伦敦交收黄金（Loco London Gold） /052
黄金情话 伦敦黄金市场“本地”化
3.5 伦敦金银市场协会（LBMA） /054
3.6 伦敦黄金的报价 /056
黄金情话 纯金价格
3.7 伦敦黄金定盘（Gold Fixing） /059
黄金情话 五大金商的兴衰

3.8 伦敦黄金的结算 /063
3.9 伦敦黄金的买卖 /065
黄金情话 你能搬动多少金块?
3.10 伦敦黄金的持仓成本和计算 /069
3.11 黄金投资市场的变化 /071

第四章 中国黄金市场 /075
4.1 中国黄金市场的结构和组成 /076
4.2 上海黄金交易所 /078
4.3 （T+D）黄金合约 /080
黄金情话 世界是（T+D）的
4.4 （T+D）黄金投资流程 /083
4.5 （T+D）黄金的延期交收补偿费 /086
黄金情话 黄金投资的合法性
4.6 黄金申报交收的博弈 /090
4.7 （T+D）金价的波动因素 /091
4.8 （T+D）金价和伦敦金价的关系 /093
4.9 上海期货交易所黄金期货 /094
4.10 停板熔断制度的优劣 /096
4.11 中国黄金市场国际化 /098
4.12 给中国黄金市场的情书 /100

第五章 黄金投资工具 /107
5.1 黄金金饰投资 /108
5.2 金粒及金条买卖 /109
黄金情话 香港的金饰牌价
5.3 金币投资 /112
黄金情话 真金不怕红炉火
5.4 金币互换交易（Gold Coin Swap） /115
黄金情话 国庆金币的热与冷
5.5 结算地点互换交易（Location Swap） /118
5.6 金银比率（Gold/Silver Ratio） /120
5.7 纸黄金投资 /122
黄金情话 谢利源挤提
5.8 黄金股票及基金 /125
5.9 黄金定投 /126
5.10 黄金交易所买卖基金（Gold ETF） /127
5.11 黄金 ETF 的运作 /129
黄金情话 黄金情话 消失的金条

第六章 黄金衍生投资工具 /133
6.1 黄金期货（Gold Futures） /134
6.2 美国 COMEX 黄金期货 /135
6.3 期金投资策略 /137

黄金情话　黄金情话　穿睡衣的交易员
黄金情话　重型限价炸弹
6.4　期金交易的风险管理　/142
6.5　黄金期货的计价因素　/144
6.6　现货金价和期金价的互动关系　/146
6.7　期金和黄金现货的转换交易（EFP）　/148
6.8　黄金期权（Gold Option）　/151
黄金情话　期权与双形拳
6.9　黄金期权在黄金产业的运用　/155
6.10　黄金期权的投资价值　/157
6.11　黄金期权价格的计算　/159
6.12　二元期权（Binary Option）真面目　/160

第七章　黄金业务运作　/163
7.1　黄金业务的开拓和运营　/164
7.2　黄金的对冲（Hedge）和套戥（Arbitrage）　/166
黄金情话　我和雷曼兄弟
7.3　套利溢价的计算　/170
7.4　金银借贷（Bullion Banking）　/172
黄金情话　人工金价换算器
7.5　黄金中立仓　/175
7.6　黄金中立仓的风险管理　/177

7.7 黄金租赁（Gold Leasing） /179

黄金情话 阿爷的力量

7.8 远期黄金（Forward Gold）的交易和结算 /181

黄金情话 金马桶的金从何而来？

第八章 黄金价格的倩影 /185

8.1 影响金价的因素 /186

8.2 黄金价格的波动特点 /188

黄金情话 饮料的智慧

8.3 黄金图表的时间性 /190

8.4 技术分析的应用 /191

8.5 经济数据对金价的影响 /193

8.6 美元汇价与金价的关系 /197

8.7 油价对金价的影响 /198

8.8 利率高低对金价的影响 /200

黄金情话 十年黄金变烂铜

8.9 成交量和持仓量对金价的影响 /202

8.10 黄金价格资讯 /205

黄金情话 打电玩游戏式的报价

8.11 金价走势的判断和预测 /209

黄金情话 我的成绩表

8.12 黄金投资锦囊：三大纪律、八项注意 /212

结语 /217

第一章
揭开黄金面纱

我们不要因为黄金价格动不动就升跌一两个百分点，便以为黄金价格真的如青春期少女的脾气般不可捉摸。波动多、波幅大是黄金价格波动的特点，但这些波动的背后或多或少都是由基本因素所诱发的。

“众里寻她千百度，蓦然回首，那人却在灯火阑珊处。”人海茫茫，要找到一个心仪对象确实不容易，可能咫尺天涯。但只要了解和掌握了黄金投资规律，就可以揭开黄金这位美少女的神秘面纱，从而看到她的真面目；而她也会放下高傲的身段，对你袒露少女情怀。

本章带领大家从黄金价格波动的最基本和最关键的因素说起，例如黄金市场不同的参与者、黄金供求情况及其变化等，去认识黄金，建立对黄金的感情，从而对黄金产生心有灵犀的感觉。这样不管这位千金小姐如何发脾气，只要你慧眼一看，她的意图和行动必定在你掌握之中。

爱相随，心相通。恋爱如是，投资也一样。

1.1 金本位制（Gold Standard）

黄金天生高贵，全世界人类不分东西南北，不管肤色深浅，都一直尊崇和追求这位美少女。早在5000多年前，黄金就成为人类财富的象征和载体。

随着时间的消逝，使用“黄金百两”的古代日子已经离我们远去，大多数投资者最早认识黄金在金融市场的尊贵身份，就是教科书上所提到的金本位制。金本位制最简单的理解就是由黄金支持货币的价值，以黄金储备来决定一个国家能发行纸币的总值。在金本位制下，已发行的纸币背后必须有等值的黄金作为价值支持，各国货币之间的汇率是以纸币和黄金的兑换价值来确定和计算的。

简单的金本位制是从1816年英国发行流通性的金币开始的，其后英国在1823年将银行发行的银行券和黄金自由兑换，就是让黄金在背后支持这些银行券，让银行券变成一种大家接受的钞票。但随着经济的发展，世界各国的政治和经济情况开始发生了变化，发达国家虽然持有大量黄金，但仍不足以支持其所有已发行的货币，弱小国家也缺乏黄金储备来发行货币。当第一次世界大战结束后，各国都需要大量的资金和货币用以重建家园，金本位制已名存实亡，作为金本位制最强执行者的英国，也不得不在1931年放弃了金本位制。

第二次世界大战结束后，全球需要一个新的经济体制和货币体制，黄金当然以其独特的价值再次被推到金融市场主角的位置。这次不同的是，只将黄金单独和美元挂钩。1944年7月举行的“布雷顿森林会议”，决定黄金和美元挂钩的比值是1盎司黄金=35美元，其他各国再定出本国货币与美元的汇价关系和兑换价。透过黄金，美元成为了世界货币体系的中心，成为了全球性货币。

但当美国因介入越南战争而导致庞大的军费支出后，美元的发行量慢慢与其黄金储备出现了差异。由于市场担心美元货币背后能否有充足的黄金储备支持，美元货币出现了危机。到了1968年2月21日，美国取消了发行钞票时要有25%黄金储备的规定，世界各国对美元的信心大失。这时候，各国需要的信心实体是什么？当然就是黄金！世界各国争相以35美元=1盎司黄金的兑换率向美国兑换黄金。

我们对比一下1950年和1970年的美国黄金储备。1950年美国的黄金储备约有20000吨，但在随后的20年间，不断有其他国家以美元来兑换并提取黄金，到1970年时美国的黄金储备已减少至9000吨，降幅超过55%。1971年美国总统尼克松不得不宣布停止美元与黄金的挂钩，至此金本位制变成了历史名词。

但也正是因为取消了金本位制，从1974年开始，美国允许其国民买卖黄金，纽约的商品交易所（COMEX）于1974年12月正式推出黄金期货合约。从此，黄金从金本位制中解放出来，变为寻常百姓的投资工具，揭开了投资市场上的新篇章。

黄金的价值、认受性地位和投资功能并没有受到金本位制取消的影响。相反，黄金在摆脱象征性货币的虚名后，在短短40多年间，已经成为金融市场上一种重要的投资工具。

1.2　黄金圈中人

知己知彼，百战百胜。要想赢得黄金归，便要知道在黄金情场上有多少人在和你博弈。投资者要认识在整个黄金产业和黄金圈子中，有能量和有影响力的人。知道了每路人马对黄金有怎样的需求和追求，了解不同市场参与者对金价高低的作用力和反应后，自然能够看通走势，得心应手。

这些主要的黄金圈中人，包括：

a. 黄金的供应方

金矿公司。这是毫无疑问的，因为金矿公司采探金矿后，生产出来的黄金当然是要在市场上卖出，向市场供应黄金。

黄金情话

贵金属家族成员

大家是否还记得2008年北京奥运会的吉祥物，五个福娃？他们分别是：贝贝、晶晶、欢欢、迎迎、妮妮，是由“北、京、欢、迎、你”这五个字变化而成。

也是在2008年，我到北京进行一次黄金培训，当我介绍贵金属的五位家族成员，我说贵金属的五位家族成员也是和五个福娃名字差不多，分别是“铂、金、钯、银、铑”，发音真的有点像“北京欢迎你”呢。把这五种金属称为贵金属，主要是从它们的稀有性、珍贵性和金属性接近来归类的。其中金和银在投资市场的角色最接近，也最为投资者所认识。

铂（英文是Platinum），也称为铂金（但不是白金，白金是以黄金加工而成），铂曾在国际市场上以金融交易方式来进行买卖，也有金商、银行的在金银交易部门内提供铂的交易买卖，其中因为铂的买卖是以瑞士的苏黎世为结算中心，因此瑞士的几家主要银行都曾经在铂金的交易上担当一个很重要的角色。

过去的苏联曾经是全球最大的铂金供应国，随着苏联的解体，近年来，铂金基本上已完全从金融机构退下战线，变为以金属商品类的买卖为主，最主要的原因是铂的市场流通性下降，交易不活跃、价格波动大和买卖及对冲的成本高等因素令投资者止步。

铂的价格和黄金价格比较，曾经有比黄金高和低的时候，市场曾经因为铂在汽车废气的处理用途上增加需求，大幅刺激铂的价格上升。2008年3月初铂金价格上升至接近每盎司2300

美元的高位，而当时金价仍只在每盎司 1000 美元以下水平。

钯（英文是 Palladium）是一个和铂在金属性上很接近的金属，过去因为钯的价格较铂便宜很多，钯经常被拿来和铂作合金，但因为钯的储藏量和开采量低，也曾被市场过度追捧，在 2001 年初曾抢高至接近每盎司 1100 美元（当时金价每盎司只为 270 美元不到。）

铑（英文是 Rhodium）主要是工业上的用途，常作为反光材料镀在探照灯和反射镜等上，只能以商品交易的方式去进行买卖，投资性和投资效率都不高。

b. 中央银行

因为历史发展的缘故，欧美国家的中央银行手上都或多或少持有黄金作为外汇储备，特别是欧洲主要国家的央行，但自欧元在 1999 年面世后，欧洲有了一种统一货币，各国央行不用以本国所持有的黄金储备来支持自己国家的货币，自 2000 年开始都在卖出黄金。因此中央银行是可以作为黄金的供应方，当它们卖出黄金时，数量和价格都会影响金价的表现。但近年来，中央银行却又在需求方上出现，新兴经济体国家，例如俄罗斯、韩国和巴西，甚至是中国等国家，在外汇储备增加之余，一直在买入黄金。

c. 黄金的废料提炼商

这些黄金废料或回收的黄金饰物，经过处理和提炼后，提炼商会将所得黄金在黄金市场上卖出。这部分称为再生金（Recycled Gold）的供应占了黄金总供应量的三分之一。

d. 黄金的需求方

黄金材料制造及加工公司。这些加工公司和制造商在黄金市场上买进黄金，作为原材料去加工制成黄金制品或首饰。

e. 金店

以销售黄金首饰为主的金店。当卖出黄金首饰后，他们需要在黄金市场上作对冲买入黄金。这些买入的交易不管是作为对冲金价的买入，还是直接买入实物金补充货源，金店都是站在黄金的需求方上去影响金价。

f. 黄金投资者

黄金市场上影响力最大和群体数目最多的是黄金投资者。从当前的市场结构来说，个人投资者可以分为实金的投资者、黄金合约的投资者、专业大户的投资者，或纯以黄金投资为本业的机构投资者。实金的投资者是保守和稳健型的，买入数量较少，对市场的影响虽然来得慢，但却是最基本和最实在的。个人投资者对金价所产生的影响，特别是短线的影响十分明显，因为黄金市场其实是由这些个人投资者支撑着的，加上这些黄金合约是以保证金方式进行，当市场出现波动时，部分投资者便会急于入市平仓，增加了市场的波动。个人投资者虽然个别买卖的数量相对较少，但积少成多，当投资者集中力量入市，其对市场的影响力是足以和金商、银行，甚至中央银行来角力的。

g. 经营黄金交易的金商和银行

这种黄金业务的经营者和投资者的交易性质相同，也就是有买有卖，随时变动。这些黄金业务经营者的持仓能力较大，能耐也较高。但许多时候他们都是在做对冲，例如有投资者跟银行买入了黄金，银行在市场上买回来；又或是银行在进行套戥交易，买入伦敦黄金，卖出纽约期金等，他们在交易完成后，实质的净持仓是对冲了或减少了，因此即使金价出现大波动，银行也不会被逼止损平仓，或迅速获利平仓。所以当在市场上发现这些黄金业务者在进行交易时，要先分析这些交易的性质，不能盲目跟风追随入市。

1.3 黄金供求的博弈

假如我们把黄金生产商和黄金消费者抽出来，是可以把他们放在一个博弈的对立面上的，黄金生产商当然希望金价越高越好，反过来说，黄金消费者也期望在一个低点买入黄金。很明显，两者的期望刚刚相反，但在观望和等待金价变化时，他们一定要考虑对方的心态和买卖行动。

举例说，如果将金价定在每盎司2000美元，黄金生产商一定是开心不过，但黄金消费者不但不高兴，更会因金价过高而不想购买，或无能力去买，金价也就不可能长时间高升，黄金生产商的高价出货算盘是打不响的。如果将金价定在每盎司1000美元，黄金消费者买得满意，买得开心；但黄金生产商在每盎司1000美元的金价是要亏本的，黄金生产会停下来，在缺了黄金的供应下，金价自然上升。

如果黄金只是一种普通商品，金价便会在供求上增加和减少，消费者在多买和少买的过程中，找出一个平衡点，平衡点便是一个理论上的市场价格。

但黄金价格不可能简单的透过一个供求平衡点来定出一个大家都认为合理的价位。黄金的供应不像一般的商品，一般的商品只能以一个定价，批量生产和卖出。黄金生产商是可以按当时对金价的看法，以及金价波动的情况，在某一金价水平去决定卖出还是不卖；金矿公司出售黄金时，他要考虑的是，假如多卖出了黄金，会将金价打下去，这对他来说是不利的。

另一方面，黄金消费者在买入黄金后，却一定是希望把金价推高的，因为若他们手上已经持有黄金资产，金价越高则财富和满足感都会增加。但他们要考虑的是过高的金价会影响金价的承接能力，还没有进场买入黄金的人会因为金价过高而却步，高金价也会令一些黄金消费者将手上的黄金资产卖出获利。过高的金价只会埋下将来下跌的危机。

黄金投资者在掌握供求双方的思维和买卖互动关系后，当每个黄金大周期出现时，将更容易判断每个波动周期、幅度和阻力。

1.4 黄金供应的数字和分析

要分析黄金的供应数字并不困难，这些数据是公开且有根有据的。根据世界黄金协会每年发表的统计数字，黄金的供应主要来自三个方面：金矿生产、金矿公司的对冲和再生黄金。

金矿产金

黄金生产的整个流程，从发现金矿到勘探、从开采到提炼，从买卖后到交收结算，都是一个长时间的过程，因此黄金供应的数字不可能每年有很大的差异。近年的黄金生产和总供应量约在 3000 吨，每年的黄金生产是相对稳定的。金价的上升，生产商卖出的黄金数量和再生金的供应量，甚至是投资性的回吐都会令黄金的供应量增加。中国虽然已经是全球最大的黄金生产国，但中国本土的黄金需求量上升更快，因此近年中国因素反而在黄金需求上有更大影响力。

金矿公司的对冲和买卖

第二个黄金供应的来源是金矿公司的对冲，这个金矿公司的对冲主要是指金矿公司在卖出黄金时，不一定是直接在现货市场上卖出，有时是透过远期黄金交易或期权等工具来进行对冲。当他们在对冲后，遇上金价波动时，他们会有机会把卖出的空仓买回来。因此在这一栏目内，有机会看到供应数字是负数，这表示黄金生产商曾经在市场进行了买入交易，买回原来对冲了的黄金，目的当然是希望在这些波动过程中，额外得到一些交易上的利润。

黄金市场有一份统计欧美主要金矿活动的报告，英文名称为“Hedge Book”（中文可意译为“对冲账本”），在这份统计报告内，便可看到金矿公司因为上述理由买入黄金，这些买盘便令黄金生产商有机会站在黄金需求方上。

黄金废料和再生黄金

第三类的黄金供应是来自黄金废料回收的再生金，这些供应是指透过回收黄金材料、黄金饰物或有黄金含量的物件，从中提炼出黄金，变成黄金供应。

黄金被称为价值永恒，是因为不管它以什么成色或成分存在，只要是含有黄金的材料，就可以透过回收程序来提取黄金成分，经提炼和铸造后，重新在市场供应。黄金废料和再生黄金供应量的变化很多时候是视提取成本和市场金价的高低而改变。

我们不要小看再生金的供应，虽然这些供应不会主动的使黄金市场出现沽压，但它可以占全球黄金供应的三分之一，对金价高低有一定程度的影响。这个再生金的供应在 2000 年时只有 616 吨，在金价上升至历史高位的 2012—2013 年时，供应量高达 1668.50 吨。这十多年间，再生金的供应量增加了超过 270%；相比之下，同期的黄金生产量只是由 2618 吨增加至 2835.6 吨，轻微增加 8.3%。投资者若想从金价的波动上观察这个供应的变化，可以预见的是，当金价大幅下跌时，因再生金所得的供应一定会减少。

1.5　黄金的生产成本

当金价下跌时，投资者都希望提早找到一个金价的底位和支持位，很多时候的分析便着眼于黄金的生产成本。因为黄金生产成本是一个简单和直接的指标。假如黄金的生产成本是每盎司 1000 美元的话，金价应不能或不会长期低于 1000 美元。知道了黄金生产成本的高低和变化，就容易判断出金矿公司的买卖活动和方向，黄金的底价便有迹可寻。但投资者必须要明白各国、各金矿的生产成本高低差异很大，不同地点、不同的生产技术和方法都会令生产成本出现很大的差异。根据英国矿业协会的统计，全球主要的黄金生产公司（不包括中国）的生产成本在 2007 年是每盎司还不到400美元，最高时一般的估计是在每盎司1000美元上下。

黄金生产成本高低差异，最大的一个决定因素是矿石的含金量。含金量高的矿石，例如每吨矿砂能生产10克黄金的金矿，其成本当然会比每吨矿砂只能生产出3克黄金的金矿的生产成本低得多，这个矿石含金量高低的说法称之为品位的高低，矿石的含金量是决定生产成本的最大因素。

现金的生产成本和财务生产成本

金矿公司在计算黄金生产成本时，会分为现金生产成本和财务生产成本两种数字。现金的生产成本是指直接投入到生产，例如采矿费用和工人工资等，而财务成本是在现金成本基础上加上一些财务会计上的成本，例如贷款利息和折旧等费用。

黄金生产成本的高低对于个别公司的业绩和利润的影响是清晰和直接的，但对于判断金价走向不一定直接有用。例如，某一金矿公司的黄金生产成本是每盎司600美元，昨天黄金价格是每盎司1500美元，假设今天金价下跌至1300美元，不代表金矿公司不会抛售；当金价上升至每盎司1600美元，也不代表金矿公司马上要抛出更多的黄金，因为当金价和生产成本之间还有相当大的利润空间时，几十美元的金价波动不一定促使金矿公司立刻做出交易行动。

1999—2000年间，金价曾数度低于每盎司260美元的水平，这肯定是低于大部分金矿的生产成本。当时金矿公司的生产成本是每盎司在280美元至300美元之间，但黄金价格走势不明朗或持续偏软时，部分金矿公司也硬着头皮在市场上抛售黄金，金矿公司的考虑不是利润问题，而是现金流的问题。对于投资者来说，这个成本的数字只能起一个心理上和指标性的作用，对短期金价的影响没有指导性和直接相关的作用。

中国的黄金生产成本

自从中国黄金市场踏上开放之路，特别是金矿公司企业化和以上市方式实行市场化后，这些数字都变得十分透明，其准确性和参考价值都大大提高。但说到黄金的生产成本，市场还不能简单评估其数字的高低，因为每一家金矿公司、每一个金矿，甚至每一个不同的开采时间都会产生不同的生产成本。现时估计整体平均是约为每克 100 元，折算成美元 / 盎司来比较的话是在 500 美元的水平。这个黄金生产成本的水平算是跟国际黄金生产成本相差不多。每克 100 元的生产成本，以国内的金价在 300 元 / 克为例，生产成本和利润之间的空间还是很大的，短线的成本变化还不足以明显地影响金价高低。

1.6　世界黄金协会（Word Gold Council）

世界黄金协会把自己形容为一个发展黄金市场的组织，在投资、珠宝首饰或科技工业用途的领域上去推广黄金，希望透过他们的活动、推广和赞助等方式去刺激黄金的需求，说白了就是要推广黄金，支持金价。当黄金需求上升，黄金价格被推高，谁会受惠？受惠者当然包括世界黄金协会的 23 位会员，这 23 位会员都是全球大型的金矿公司，由金矿公司所组成的世界黄金协会当然会把支持金价作为会务和活动目的。

虽然从角色上看，世界黄金协会肯定是站在长期唱好金价的位置上，但它在支持金价的前提下，确实为黄金市场做了不少工作。作为一个黄金投资者，可以从世界黄金协会的工作上，得到不少黄金市场的资讯和数据，对分析金价的走势是非常有用的。

世界黄金协会会定期（每季和每年）发表一份全球的黄金供求数据，统计出不同类别的黄金供应和需求数字，让投资者对全球的黄金供求情况和变化一目了然。除了黄金供求的报告外，世界黄金协会也出版和发表不少和黄金市场相关的文章和报告，凡是有机会与黄金市场、黄金产业和黄金产品相关的都有涉及。

黄金情话

黄金从业员的工资

金矿生产商的最大一个成本是开采成本，而黄金交易公司最大的成本就是人的成本。

我在1977年到银行工作时，月工资是540港元，半年后试用期结束，工资调升到640元。在黄金部门的六年工作时间，我的努力工作和表现，令我曾经跨级升职，工资的增幅比同期的同事略高。但银行是一大型企业，不同部门的工资差异不能太大，即使是盈利贡献高的黄金部门，交易员的工资也没有明显的优待。

1983年我离开银行时，月工资约为3500元，当时力邀我加盟的外国金商，开出给我翻一番的工资，给我月薪近8000港元，加盟后的第一次年度调整更把我的月薪调高至“万元户”的收入。

欧美的黄金交易公司对交易员所给的薪酬条件是较高的，一方面是因为所有利润的来源都是来自交易员的能力，另一方面是交易员要承担巨大的工作压力，金价波动的压力和持仓盈亏数字所带来的压力并非是每个人都能接受的。

部分交易员的交易利润是来自他们在公司准许下为公司进行自营的投资性持仓，对于这种交易员，工作贡献和压力更大，黄金交易公司又会开出巨额的分红条件，从他们所赚取的利润中拔出一定比例来作为酬金。在黄金市场活跃的时期，以百万元计的年收入是不足为奇的。

现时银行对交易风险十分谨慎，交易员的角色和压力减少了，收入也减少了；在电子化的交易平台和买卖处理的安排下，很多交易员已经变为交易系统的管理员，只按程序和系统来处理买卖，角色减轻，收入也自然减少。现时在黄金业界中，反而是前线业务员的收入最具吸引力，只要他们能成功找到交易量大的客户，他们就能从客户的佣金中提成，这些佣金收入也可以比美当年的黄金交易员。

世界黄金协会的总办事处在英国的伦敦，除了在纽约有分支办事处外，他们十分重视在亚洲地区的联络和推广工作，分别在北京、上海、香港、东京、新加坡和孟买等地都设有办公室。

黄金投资者可在世界黄金协会的网页（www.gold.org）上查阅和浏览很多黄金资料和数据，并可通过一些很有水平的研究报告去了解黄金市场的趋向和变化。

世界黄金协会虽然在中国的北京和上海都有办事处，但它们不是以中国黄金协会作为对外名称的，中国黄金协会是另一个与黄金有关的组织。中国黄金协会是由中国国内的黄金勘探、生产、加工、流通、投资、科研与黄金相关的企业和单位所组成，成立的目的是为协会的会员提供中介服务、组织交流、推介黄金产品、扩大资金应用和推动黄金消费。

中国黄金协会网页（www.cngold.org.cn）所能提供的资料不如世界黄金协会多和更新快，内容也较针对中国国内的产业情况和一般的价格资讯。对黄金投资者来说，虽然作为入市的参考价值不大，但尚算是了解中国黄金产业的平台。

黄金情话

黄金反托勒斯组织（GATA）

这地球上，原来除了世界黄金协会在唱好金价外，在美国还有一个打正旗号，要支持金价大升的组织，名为黄金反托勒斯组织。这个黄金反托勒斯组织的英文全写为：Gold Anti-Trust Action Committee，简称GATA。

我第一次接触该公司是看到他们在报纸上的广告，他们花了近1000万元人民币在报章上登了广告，广告的标题是："Anybody Seen Our Gold？"内文提出一个疑问，是指美国政府所谓的库存黄金已经有超过50年的时间没有进行审计，美国和包括很多中央银行所借出的黄金，可能已经失去了踪影。GATA质疑金价（当时是每盎司900美元水平）是被中央银行联手压低，以免金价上升后，黄金被提出时才发现部分黄金不见了。

这个组织称，假如撤除这个人为影响因素，金价应该是在每盎司3000美元至5000美元或更高的价位。GATA偶尔举办一些活动和发表报告，但这些活动和报告把黄金的价值吹嘘得太厉害了，忽略了金价短期的波动因素。

（GATA网页：www.gata.org）

1.7 黄金的需求和变化

在分析黄金的需求数字时，我们可把黄金的需求分类后再细看。在黄金需求上，黄金首饰类的需求数字最大，平均占了总需求量的60%。以2015年为例，当年的全年黄金需求量是4212吨，而金饰的需求量便达2415吨，占了该年总需求量的57%，这个比例算是近年相对的低比例，因为全球的黄金消费，特别是欧洲和中国的黄金消费量减少了。

占黄金需求量第二位的是工业，工业需求主要是科技原材料和工业上的材料，这个工业需求数字约占了总需求量的15%。虽然这个工业上的需求也会受经济因素所影响，但它的变化不像消费型的金饰需求大。

第三大需求是投资类，这个需求是指投资者买入金粒/金条，金币和黄金ETF的需求。金条（金粒）的需求是指一般的投资者对黄金投资产生兴趣时，他们大多数都会买入黄金实物作为投资黄金的入门，这些实金的需求形式是有很多种类型的，例如，印度地区需求的会是当地流通性强的Tola金条（1Tola=11.1g），中国香港流行的是一两金粒和五两的金条，中国大陆流行的是100克、200克的金块。这些实金条的投资性需求每年约在250吨，这类投资性需求的短期变化相对较大，且容易受政治和经济性的消息影响。

金币的需求包括官方发行的金币（主要是有法定币值的）和其他金章或收藏性金币。金币的售价包括铸造量和金价，一般会比普通金条的售价高，但因为金币的买卖单位比较低和标准化（例如每个纯金含量为1盎司或1/2盎司的金币等），全球的流通能力也高很多，因此这些金币的投资性需求也是稳定增长的。

这个投资性的黄金需求是难以有一个大概的比例数字，因为投资性的需求是反映投资者的投资情绪和投资行为。例如2013年金价从2011年高位下跌后，仍高企在1800美元令投资者变得谨慎、止步，甚至是回吐，结果令黄金的投资性需求在当年由2012年的1568吨，大幅减少至773吨。

但黄金的需求数字其实是一个滞后的数字，每年的真实需求数据经专业机构整理和发表的时间都已经至少在半年以后，因此上面提到的需求只是让投资者有一个概念，从而在各种市场和经济变化时懂得去思考会对整体的黄金需求发生什么影响，有助于判断黄金价格的走势。

1.8 黄金供求对金价的影响

黄金需求是影响黄金价格高低的一个最实在和最基本的因素，如果单从宏观的角度看，进入 21 世纪，黄金的需求量将是有增无减，这令黄金价格稳步向上的趋势变得明显。但作为一个黄金投资者，既不能只宏观地说黄金需求利好黄金价格，也不能仅以需求来作为入市的具体依据。要理解和判断黄金需求量的变化对金价走势所能产生的影响，我们可将黄金的需求细分为长线、中线和短线三条不同脉络，看它们对金价高低所起的作用，分析它们在日常金价的波动和走势中的参考价值和影响作用。短线需求的增加，例如热钱和避险资金因新闻消息而吸纳黄金；中线的是市场一些基本情况的改变，例如美元汇价和利率变化等。

长线的需求最明显的变化是近年间在黄金需求数字上，有一个细分类的需求十分显眼和有较大的变化。它就是来自于交易所买卖的黄金基金（Exchange Traded Fund，黄金 ETF）所产生的需求。2008 年 9 月，随着雷曼兄弟公司的倒闭、欧美多间银行传出有财政问题和被政府接管后，投资者对银行体系失去了信心，不少资金为了避险而流入黄金市场，其中包括不少散户以买入黄金 ETF 的方式来持有黄金。在 2008 年 9 月至 2009 年 3 月的 6 个月时间内，全球最大规模的一个黄金 ETF—SPDR 的持金数量便由 767.09 吨增加到接近 1115 吨，增幅达 348 吨。

这个来自黄金ETF的需求在2012年约279吨，是那几年间的高位数字。这些由 2008 年开始所累积起的需求，足以令金价在 2011 年 9 月上升至每盎司 1921 美元的高位。反过来看，黄金 ETF 在 2013 年的需求量却出现负数的 881 吨，这是指黄金 ETF 在 2013 年卖出了 881 吨，是一个黄金供应者而不是需求者，这情况即使在金价回落后仍存在。黄金 ETF 在 2014 年和 2015 年都有一百多吨的回吐量，令这两年的黄金价格走势也是整体向下。

在供求关系和变化中也是可以从供求数字的变化和平衡与否得出一个黄金供求的大格局，就正如我们分析股市走势时，一定要对经济环境的大气候先作分析，之后才能从公司业绩的小气候去推出价格走势。

总的来说，要分析金价走势，要先来一个供求的评估，认定市场是处于供不应求？还是供多于求的局面？要分析是哪一种供求情况时，供求方主要看金矿公司抛售黄金的态度和原因，看有什么原因会令金矿公司的沽售有所变化。在黄金需求上，主要看投资需求的变化和原因。有了黄金供求的基调后，以短线和技术因素作为入市的信号和时机，就会容易找到金价变化的方向和幅度。

1.9　黄金和白银

黄金和白银在历史上都曾担当过货币的角色，后期因为从资源角度看，黄金的稀有性将白银比下去，黄金在本位制后更独自担当起在金融和货币上的主帅地位。

黄金和白银都具有商品特性，特别是白银，因为工业用途多、用量大，供求关系对银价的影响很大。黄金和白银从小就像一对双生儿，当金价受金融性质的消息影响时，例如美元的强弱、利率的高低等影响了金价波动，白银价格也会因金价的波动而有同方向的变化，金价和银价的走势是一种正比关系，但并非是完全线性和有一个固定的比率。

因为黄金和白银的密切关系，在投资市场上，两者大都是并存的，例如上海黄金交易所同时有黄金和白银（T+D）合约，国际现货的伦敦黄金市场也同样提供伦敦交收的白银现货交易，上海期货交易所和美国的

COMEX 也同时提供黄金期货和白银期货的交易。

白银投资在 2011 年开始在中国热起来，除了上海黄金交易所的白银（T+D）合约外，不少白银投资和理财产品推出，随着资金的流入，白银在 2011 年 1 月初只是每盎司 28 美元，在短短不到五个月，2011 年 4 月上升至 49 美元，升幅达 75%，但白银上升至这一高位后迅速回落，在 2011 年 9 月底跌回至 26 美元。单从这个下落波幅便可知白银投资的风险是多么大。

白银和黄金一样，它的供应主要是来自矿产的供应，矿产量占了全球的银供应数字中的百分之七十左右，其余大部分是由旧的白银用具或废品回收而来。白银的主要生产国家包括：中国、秘鲁、墨西哥、澳大利亚、玻利维亚、俄罗斯、智利、美国、波兰、哈萨克斯坦，这十个国家所生产的白银占了全球白银生产数量的 80% 以上。白银价格的升跌因素和黄金的升跌作简单比较的话，白银受供求关系的商品性影响较大，而黄金则受金融市场活动的金融性影响较大。

中国经济近年的快速增长，国内对白银的需求持续增长。2001 年中国白银消费总量只有 1525 吨，2010 年增加至近 5700 吨。国内白银消费结构是以工业上的电子和电气最大，数量占了 37%；首饰及银币是第二位，占 31%。这两个需求便占了差不多近七成，因此中国经济的表现，是会对银价有一定影响的。

中国投资者在 2011 年将资金大量投入白银市场，是受到有一种说法的影响，这种说法是如果从资源上看，白银现时在地球上的存量比黄金还少，还提出从历史上证明黄金和白银价格的关系应该是 1 比 16，即是说如果金价是每盎司 1600 美元，白银价格应该是 100 美元了。但我们如果要看白银的供应，不能仅从一个所谓储存量看。白银的矿产资源有一个特点，就是大多数是伴生的，它们是在开采铜、铝、锌，甚至是黄金时提炼到的。

值得注意的是，因为白银单价低，投资金额少，很多不太懂投资道理的散户很容易被鼓动起来参与白银投资，特别是白银因为金融特性没有黄金强，国家对白银的交易管制没有像对黄金交易的严厉。因此国内先后出现好几家打着白银现货交易幌子的所谓交易所。虽然这些交易所交易的白银价格也是跟随国际银价的方向而大致同步，作假不了。但因为这些交易所和会员单位良莠不齐，部分更变成客户的交易对手，和客户产生了“你输我赢”的利益冲突，客户的利益便难以保障并处于风险中。

1.10 白银投资市场的概况和运作

自古以来黄金和白银都是称兄道弟连在一起的，欧美国家所指的金商（Bullion House）Bullion 一词就是指黄金和白银两种交易。白银投资市场也曾有过光辉的时刻，同样是 20 世纪的 70 年代末、80 年代初，白银也和黄金一样在该段时间大幅波动，市场的投资兴趣十分炽热，白银价格曾在 1980 年初上升至历史高峰的每盎司 54 美元价位。白银价格在当年曾上升比黄金还要急，还要快，背后是有人为因素存在和影响的。

在投资市场的发展和运作中，黄金和白银两者的关系相当密切，在我们谈及的黄金市场中，其实也包含了白银的交易在内。例如上海黄金交易所，分别有黄金和白银的交易合约。全球性的黄金现货交易合约，同样可以套用在白银的交易上，纽约黄金期货的交易方式和白银期货的交易方式也是基本相同。

但白银的承接能力、流通性和风险因素等和黄金不同，其买卖差价也有所区别。在专业的白银市场，买卖差价是 2 美分左右，以每盎司 20 美元计，这个差价是 0.1% 左右，是黄金买卖的差价 0.05% 的近二倍，因此白银的投资成本较黄金高。在报价方面，虽然白银也是以美元 / 盎司来定价，黄金交易的最低标价是 0.05 美元，例如每盎司金价是 1000.75 美元，而白银的最低标价可以是 0.025 美元，例如每盎司银价可以是 20.125 美元。

在现代的金融投资市场中，主要的金融投资工具，例如美元汇价、利息走势、股市高低等，或多或少都和黄金走势有些相关性。举例说，美元汇价上升会对金价产生压力，而利率上调，也会是一个对金价的负面因素

黄金情话

亨特兄弟的成败

白银价格曾在1980年初上升至历史高峰的每盎司54美元。白银价格在当年曾上升比黄金还要急，还要快，背后是有人为因素存在和影响的。

在1980年前后，美国出现一位超级白银投资大户，他想利用期货交易的杠杆原理，先以小部分资金买入期银合约，然后在到期时进行实物交收，由交易所提取白银，再将提取到的白银拿去跟银行抵押，又将这笔从抵押所得的资金买入白银期货。之后又作实物交收结算，收取白银，再融资抵押……这样的不断循环入市，一方面将银价推高，另一方面又把实银银块供应抽紧。银价就是在这帮名为亨特兄弟的大户推波助澜下，人为的操控白银需求紧张局面，结果令银价在1979年初只是每盎司6美元左右，至1979年底已经上升至32美元，一年不到的时间白银价格便上升了4倍多，到1980年1月份最高上升至54美元。

亨特兄弟利用人为的力量去扰乱了市场运作，逼使美国监管当局和交易所不得不采取一些行政手段来恢复市场秩序。第一是限制持仓的数量，第二是增加白银期货的保证金，这逼使亨特兄弟在无法补交保证金的情况下，只好将多仓卖出，白银价格急速下跌，在1980年3月27日，银价一天就下跌了百分之五十。成也白银，败也白银，亨特兄弟希望成为白银大王的美梦变成亏损数以十亿美元的噩梦了。

自此以后，白银投资的吸引力减少了，市场对白银的需求也放缓，白银价格也就一沉不起，在 90 年代初便一直徘徊于每盎司 4 美元的低位。

等。它们对金价所产生的影响是基本存在和相同的，但这些因素不一定能应用在白银价格走势的变化上。白银是因为商品性较明显，市场买卖又夹杂了大量非金融投资者，令银价的走势更难以捉摸。

现时全球活跃的白银交易主要是包括伦敦作为结算地的国际现货白银市场，它像伦敦黄金市场一样，是一个以场外交易（OTC）形式的国际性白银投资市场，另外就是以期货交易形式买卖的纽约商品交易所（COMEX）白银期货。在中国市场也同样是包括了上海黄金交易所的白银现货和白银（T+D），以及在上海期货交易所买卖的白银期货，另外再加上以国内商业银行为主所提供的多品种白银交易，中国投资者能接触和参与的白银投资是多元化的。

第二章
黄金多面体

少女情怀总多变，黄金这位万人爱戴的美少女当然也会有不同的姿彩。黄金不单只是一件饰物、一种工艺品，或是一种金属材料，她还可以是投资工具，可以是历史上的货币，可以是现代金融的一种结算工具。

黄金跟其他对人类生活同样重要的金属，例如铜、铁、铝等不同，这些所谓的基本金属（Base Metal）只能算是人类生活上的商品，是商品性的金属。黄金不仅在工业上有很大用途，特别是在现代的电子产品内，黄金材料因为传导性高、氧化性低等特点，成为一种优质材料。而黄金更能在金融市场上发挥独特的金融特性，黄金交易和外汇交易的买卖和结算相似，黄金成为被公认的一种结算货币和储备。

这章节再深入分析黄金如何兼备了商品和金融特性，特别是因为她的金融属性，令黄金成为了一种特殊货币，能了解黄金和不同货币之间的关系和互动，更能摸清黄金的特性和走势。另一方面，我们也要从另一个角度去了解一些不经常参与黄金交易和买卖的组织和单位，认识他们在黄金市场中的角色和影响力。

2.1 黄金储备

要看一个国家的经济实力和货币价值，除了可以从其经济规模和国民生产总值（GDP）等数字上窥探外，还可以从其外汇储备的资产价值来做一个评估。除了美元和另一种国际性的结算货币“特别提款权”（SDR，Special Drawing Right）之外，全球公认的外汇储备资产就是黄金，这就是我们所说的黄金兼备货币性的另一种表现。即使是其他稀有性的金属，它们或许有战略上的储备价值，但要像货币一样能反映在外汇储备上的，并为全球接受的就只有黄金了。

表 1 全球前 20 位主要国家 / 地区的黄金储备数量(世界黄金协会公报)

	国家 / 地区 / 机构	数量(以吨计)	占其外汇总储备的比例(%)
1	美国	8133.50	74.90
2	德国	3381.60	68.90
3	国际货币基金会	3217.30	–
4	意大利	2451.80	68.00
5	法国	2435.70	62.90
6	中国大陆	1797.50	2.20
7	俄罗斯	1460.40	15.00
8	瑞士	1040.00	6.70
9	日本	765.20	2.40
10	荷兰	612.50	61.20
11	印度	557.70	6.30
12	欧洲央行	504.89	26.70
13	土耳其	473.90	16.60
14	中国台湾	422.70	3.70
15	葡萄牙	382.50	71.20
16	沙特阿拉伯	322.90	2.10
17	英国	310.30	9.00
18	黎巴嫩	286.80	22.50
19	西班牙	281.60	20.70
20	澳大利亚	280.00	44.90

截至 2016 年 5 月全球总黄金储备量超过 32754 吨

有些投资者可能认为从这些世界各国、地区和组织的黄金储备数字就能找到黄金价格的波动方向，遗憾的是这个目的难以达到。这些官方的黄金储备数字可以在国际货币基金会、世界黄金协会或其他金融网站上找到，但这些都是滞后的数据，在真正增持或抛售完成后数据才作出公报和更新。当数字公布时，市场价格和市势可能都已是昨日黄花了。

投资者要学会的是让思维跑在事情发生之前，从黄金储备的数字改变去评估黄金储备未来的变化方向，去分析和推测它对金价的影响。从近十多年个别国家的黄金储备的变化，投资者可以把焦点放在下列的几个考虑点上：

a. 国际货币基金会的抛售

国际货币基金会的持金量排列在第三位，持有黄金超过 3200 吨，国际货币基金会一直都是在减持黄金储备，在 2008 年已经表示，为了筹集资金，打算将手上持有的 3200 多吨黄金中的 1/3 进行抛售，但抛售行动到现时还没有出现。

b. 欧洲各主要中央银行的抛售

欧洲多国中央银行在 1999 年开始抛售黄金储备，一度令金价跌低至每盎司 260 美元。后来签署了一份所谓华盛顿协议的售金协议，让大家有秩序地在两期各 5 年的时间内，每年约卖出 500 吨黄金，总抛售量定在 2000 吨。近年欧洲多个国家，例如希腊、爱尔兰和意大利等先后发生债务危机后，市场关心这几个国家会不会把手上的黄金储备卖出，以筹得多些资金还债。

c. 新兴国家对黄金储备的增加

除了中国之外，几个主要的新兴市场国家，例如韩国、印度、俄罗斯和土耳其等国家都在增加黄金储备。其中俄罗斯在几年前的吸纳行动最为明显，但自和乌克兰出现领土争端后，被欧美国家进行经济制裁，一方面受国内经济影响导致外汇储备减少，另一方面要保留多些货币性的外汇储备，因此买入黄金的数量和速度明显降低。但俄罗斯同样也是一个宁信黄金不信美元的国家，现时它所持有的黄金总储备量紧随中国之后，黄金储备占总外汇储备量已经超过 15%。

d. 美国的黄金储备

美国的黄金储备可以说是全球之冠，超过了 8100 吨黄金，这个数字已经多年没有改变。美国黄金储备之多是有其历史因由，也是之前的美元金本位制所产生的结果。虽然美国财政部也曾以拍卖的方式沽售黄金，但考虑到要使全球对美元仍持有信心，即使大家都知道美国这 8000 多吨黄金支撑不了美元的发行量，但大家还是要看在美国的黄金储备分上继续相信美元，估计未来十年八载的时间内，美国的黄金储备量还是会保持不变。

中国的黄金储备情况将在 2.4 章节内专题探讨。

2.2 华盛顿协议（Washington Agreement）

自金本位制取消后，多国中央银行都只把黄金作为外汇储备的其中一部分，并没有增加的必要，反而当金价出现上升时，美国和世界货币基金组织都开始在市场公开拍卖黄金。全球最大的一次中央银行联手卖金行动，是在 1999 年底，多国欧洲中央银行同时宣布在黄金市场卖出手上的黄金储备。

在欧元面世后，欧洲中央银行开始卖金。作为欧洲流通货币的欧元在 1999 年 1 月正式面世后，参与欧元区的各国中央银行便认为维持欧元币值稳定的责任在欧盟央行身上。而其他国家的货币和欧元产生关系后，流通和管理责任也在欧盟中央银行的身上。因此，欧洲各国中央银行开始抛售黄金。

在欧洲多国央行表示抛售黄金后，市场害怕大量的黄金出售会影响当时正处在低点起步回升阶段的金市走势。欧洲各央行认为市场在这不明朗的因素下，卖出的黄金不一定能获得一个好价格。于是，14 个欧洲中央银

黄金情话

来自央行的黄金交易

在近年中央银行公布增加购买或减持黄金储备的消息中，看到的黄金储备有时候是以吨显示，有时候却又以盎司来显示。在我过去的黄金生涯中，曾跟不少中央银行都有打交道，进行黄金交易，碰到过不同的央行会有不同的方式和习惯。

在20世纪80年代，我接触最多的中央银行买卖是来自中国银行，那时候中国银行是代表人民银行在海外进行黄金交易，当时大部分交易是以实金作决算，方向大多是卖出的，因为卖出黄金是当时取得美元外流的一种方法。

中国银行询价时，最初是会以“条（Bar）”作为单位的，例如是会问“二十条金条是什么价？”一条就是指可在伦敦进行交收的400盎司金条,20条金条的价就是要问1个8000盎司的金价。到后期，中行的交易策略变得有点灵活了，他们会只询问“10000盎司黄金是什么价格？”。

有些中央银行会用“吨”作为买卖单位，查询一个一吨黄金（32000盎司）或半吨黄金（16000盎司）。以央行计，我接触到最大的一个询价是要求报出一个2吨黄金（即64000盎司）的买卖报价。因为中央会有不同的理由去买入黄金，不一定是和金价走势相关的，但因为对方是中央银行，交易员都很积极去争取这些来自中央银行的买卖，经常报出一个差价很小的买卖价格。对于这些来自中央银行的大手交易，要直接在这交易上获利是不容易的，我们的做法多是借力打力，当对方要成交，例如买入50000盎司时，我们会在市场买入50000盎司以上，例如80000至100000盎司，希望借中央银行的买盘能将金价推高，之后将多买回来的多仓卖出获利。

行共同签署了一份“华盛顿协议”。这份华盛顿协议也被称为中央银行的售金协议（Central Bank Gold Agreement），让参与协议的国家，包括：德国、奥地利、比利时、西班牙、芬兰、法国、荷兰、英国、爱尔兰、意大利、卢森堡、葡萄牙、瑞典和瑞士（后期再加上塞浦路斯），同意有秩序地以每五年一期的时限，规定每年的抛售数量不能多于 500 吨黄金。

华盛顿协议的第一期规定在 1999 年 9 月 27 日至 2004 年 9 月 26 日的五年间，各国只能共抛售不超过 2000 吨的黄金。第二期协议是由 2004 年 9 月 27 日起至 2009 年 9 月。当要签署第三期协议时，因为金融海啸的出现，全球对货币的信心大失，黄金价格大升，欧洲中央银行对出售黄金的态度有所改变，于是将每年的抛售量由 500 吨减少至 400 吨。从这些中央银行定期公报的黄金储备数字看，他们出售黄金的态度变得谨慎了。

最新的一期，即是第四期的五年协议是在 2014 年 5 月由欧洲中央银行和欧洲其他共 20 个国家所签订，协议由 2014 年 9 月起生效。但这个华盛顿协议只是定出一个出售黄金储备的总量，没有规定固定的卖出数量。以 2009 年至 2014 年的第三期为例，欧洲多国中央银行的净抛售量低于 25 吨黄金，远远低于原先定的 500 吨的最高限额。

2.3 国际货币基金组织（IMF）

国际货币基金组织（International Monetary Fund，IMF）成立于 1946 年 5 月，成立的目的和主要工作包括：稳定各国的货币监察、外汇市场、记录各国之间的贸易数字、各国间的债务和主持制定国际货币经济政策等。国际货币基金组织并不是银行性质的组织，但 IMF 有储备金，可以向会员国提供资金上的支持，而这些储备中包括了 3200 吨的黄金储备。

在 1976 年至 1980 年的四年间，国际货币基金组织将原来拥有的 4772 吨黄金减少近三分之一，至现时的储备量为 3217 吨，其中一半的黄金抛售是以投标方式在市场进行。IMF 在这几年的黄金抛售并没有打压黄金价格，反而由于每次公布拍卖结果后都发现需求量总是多于要抛售的数量，结果令金价在这抛售压力下于 1980 年 1 月创出历史性的每盎司 850 美元高位。

近年来，国际货币基金组织都公开表示仍会继续抛售手中的黄金储备，以此作为组织集资的方式。2008 年 IMF 通过一个决定，可以将名下黄金储备中的三分之一抛售，并将抛售黄金所得用以支持发展中和落后国家。2009 年 11 月，IMF 以市场价格直接向印度出售 200 吨黄金，这种抛售黄金的方式就不用担心会直接打击金价走势。

因为国际货币基金组织仍持有 3200 多吨黄金储备，数量在全球来说是不少的，加上组织对抛售黄金是持开放的态度，投资者要在未来的时间继续关注他们的售金活动和安排。

近年中国投资者接触国际货币基金组织可能是因为人民币成为国际货币基金组织所倡议的特别提款权的组成货币之一。特别提款权（Special Drawing Right，SDR），亦称“纸黄金”（Paper Gold），其实是国际货币基金组织想定出一种美元以外的储备货币。这个特别提款权在 1969 年组成和推出，作为用于偿还国际货币基金组织的债务。

2015 年 11 月 30 日，国际货币基金组织正式宣布人民币将在 2016 年 10 月 1 日加入，成为特别提款权的五大组成货币之一。这五种货币：美元、欧元、人民币、日元、英镑所占权重分别为 41.73%、30.93%、10.92%、8.33% 和 8.09%，人民币成为这个组成的第三位货币。

（国际货币基金组织网页：www.imf.org）

2.4 中国黄金储备之谜

过去中国的黄金储备量是一个谜团，中国的黄金储备在 2009 年 4 月前只公报持有 600 吨黄金，当时排名只在前 10 名。但中国人民银行在 2009 年 4 月 23 日向外公布，中国在过去几年间增加了黄金在外汇储备上的数量，令中国的黄金储备量上升至 1054 吨。中国一跃成为全球拥有黄金储备量最高国家的第五位。

但如果拿这 1054 吨的黄金和中国全球外汇储备首位的地位来作一个分配比例的话,1054 吨黄金只占中国总外汇储备量的 1.6% 左右。这个比重太低了，因此投资市场一直有憧憬，预期中国会不断购入黄金，从而将黄金价格的上升目标不断提高。

当金价在 2009 年 9 月升破每盎司 1000 美元后，投资者开始全面看好金价，很多国人和海外的投资者都认为中国有很大机会大量买入黄金。时任人民银行副行长和国家外汇管理局局长易纲先生多次在不同场合表示两个观点：第一是因为黄金市场规模相对较小，即使中国尽最大的可能买入黄金，能在市场吸纳黄金的数量不可能很多。以中国外汇储备量在 3 万多亿美元计算，市场能被吸纳的也只是把黄金占中国外汇储备总量的 1% 轻微推高至 2%，既然多买有难度，就干脆不买好了。

第二论调是说假如人为使劲买入黄金，会把黄金的价格推得更高。许多老百姓买金时可能就要支付更高的价格，为人民买黄金福祉考虑，中国就不买入黄金以避免推高金价。而当金价由 2013 年下跌后，市场才再度发现人民银行在买入黄金。

为了让人民币成为国际货币基金组织特别提款权的组成货币，中国人民银行的外汇和黄金储备按要求自 2015 年 7 月开始每月公报，这有助于市场了解人民银行对黄金的买入兴趣。截至 2016 年 5 月底，中国的黄金储备量已经接近 1800 吨了。2016 年初，人民币开始被唱淡，中国的外汇数量明显减少，相信在人民币汇价未稳定和外汇储备未重回上升轨道前，人民银行只会保持黄金储备量在相若的数量，和相若的占外汇总量的百分比水平。

黄金情话

1054的意义

在2009年4月前，中国公布的黄金储备数字只是600吨，2009年4月才公布增加至1054吨黄金，这增加的454吨是2003年以来在国内市场购入的。这次黄金储备量的公报令当时黄金市场有些惊讶。

为什么是1054吨黄金？如果从黄金占中国总外汇储备的比例上看,1054吨黄金的价值只占约1.5%，当时市场都在想为什么购入数量至1054吨便停止？

2009年6月，我出席了深圳建设银行一个关于黄金融资业务的大型讲座，并以“1054的背后”为题，讲述中国黄金储备与金价的关系和影响，演讲开始时，我开玩笑的说出这个1054的意义。

我说：1054，是“一年无事”之意，因为2008年3月中国刚发生汶川大地震，而同年8月，中国举办北京奥运会，在这情况下，大家当年希望2008年的日子是“一年无事”，当然我只是戏言。

如果再拿另一个在2016年5月底的数字：1798吨来说，这个“1798”，可能是希望在中国经济低迷之时，国人和投资者能“一切够发”吧。

2.5 黄金的商品和金融特性

黄金的特点是兼备了商品性和金融性。黄金自古就是一种非常具有吸引力的饰物，黄金首饰是一个在全世界都受欢迎的商品。作为工业原材料，黄金在电子工业和牙科医用方面的用途也很广泛。黄金这种天然资源的商品特性，使得黄金可以跻身到商品交易所进行买卖。当我们拿黄金交易和其他同样在美国纽约的商品交易所上交易的商品期货作比较，会发现黄金期货与石油、天然气、白银和铜等商品在交易方式上基本上是一致的。

自然资源如果以商品期货合约的方式进行交易，它们就有可能被要求以实物交割的方式来履行买卖责任和结算。买家买入黄金合约后，同样可以进行实物结算，他可以实实在在收到一条条金光璀璨的金条。黄金在实物交收的处理要比其他金属商品，甚至说比其他所有的商品都容易处理。人们对黄金都有一定的认识，对黄金的认知度也很高，而不像钻石、石油等商品大家一般无法准确确认其商品的质量。此外，交割的金条都有一套简单且容易处理的标准和规格，所以进行黄金交易的效率比其他商品都要高。

在实物供求上，因为季节性或投资性需求的突然增加或减少，现货的需求变化有时候会出现现货价格和期货价格不匹配的差异。举例说，当现货需求增加时，现货铜的价格可能会比三个月的期铜价格还高。在这种情况下，买家和需求者只能等待价格在将来恢复回来，而履行结算责任者可能要面对交割困难或承担额外的费用。

但黄金拥有类似货币结算的借贷功能，例如，当现货黄金紧张，卖出黄金的投资者缺乏实物金进行黄金结算，他可以像借入货币头寸一样的借入黄金；这些黄金的借出方可以是黄金的多仓者、金融机构甚至中央银行。中央银行和金融机构都可以像在货币市场的运作一样，将其库存的大量黄金储备流通到现货市场上（运作流程和投资作用在**第四章**再做解释），使得黄金的交割运作和成本预算较容易处理。

在商品储存、时间期限和费用上，黄金的处理更为方便。由于黄金的单位价值高，要价值 1 千万美元的金条，以现货交收标准规格的每条 400 盎司的金块来计算,20 多条的金条便约 1 千万美元了。而这批金条所占用的空间却比一张椅子还小，黄金就是这样的储存方便和节省地方。试想，如果投资者要处理 1 千万美元的大豆，可能要用上好几个仓库。黄金的金属特性，使得黄金可历经千年不变，火烧不坏，放在一个普通地方十年八载也不会影响其性质和价值，可以说完全没有时限性的问题存在。因此，无论是储存空间的大小，还是储存条件、运输和处理，黄金所涉及的成本都是很低的。

所谓金融性的投资工具，一般是指外汇和利率这些金融产品，以及由此衍生的投资工具。金融性产品，例如外汇，美元兑日元，欧元兑美元等，其投资品种与其说是一种货币，不如说是两种不同货币结合的交易合约。例如投资者在美元兑日元汇价为 1 美元: 90.00 日元时买入 100 万美元，这也可以反过来说是一笔卖出 9 亿日元来买入 100 万美元的交易，了解这种包含了一买一卖的交易活动，在处理实物结算或延期交收时，投资者会更加明白要收取的是什么？要付出的又是什么？金融工具的升跌因素和结算关系不再只受单一交易媒体所影响，此后投资者也就更容易应对价格变化并利用它来创造投资效益。

黄金投资买卖、结算和延期处理可以说完全与外汇交易相似，其报价亦可看成是美元兑黄金的价格关系，其结算方式就是金融投资产品的结算方式。正因为黄金拥有这种金融投资工具的结算方式和特点，银行或投资公司才能开办黄金业务，接受和对冲客户的黄金交易。

如果投资者在交收日因事要将这笔交易清算往后延期结算，或者是通过互换交易将这笔交收责任转移给第三者，由第三者代行处理，要如何计算这个结算的转移成本或费用呢？金融性的投资产品在这一点上很容易处理，这个延期交收的费用通常都有公开的市场价格，市场流通性和交易效率都很高。

2.6 黄金市场和外汇市场

要进一步了解黄金的金融特点，我们可把黄金市场和外汇市场在报价、买卖和结算这三个交易上的元素，作一个简单的比较。

报价方式

黄金在交易上的报价和外汇交易报价方式是一样的，我们可以把金价看成类似外汇报价中的“某一种货币兑换多少美元”这种报价方式和关系。

外汇报价时，例如英镑 / 美元价为 1.5100 时，即 1 英镑的等价是 1.51 美元；在正式查询交易价格时，外汇报价是将买入价和卖出价同时显示的，例如英镑兑美元的交易报价是：1.5100/1.5105。

黄金报价时,1 盎司黄金要 1500 美元的话，也可以看成是一盎司黄金和美元的对价关系。现货黄金的交易报价形式也是类似的：1480.00/1480.50。

买卖方式

现货的外汇市场主要是一种场外形式的 OTC（Over The Counter）买卖，参与者大都是银行和金融机构，这种专业的现货交易市场也称为银行同业市场（Inter-bank Market）。在现货外汇的买卖时，当 A 银行跟 B 银行查询英镑兑美元价，B 银行会根据当时市场的价格，以及银行已经持有的仓位和交易员的看法等因素，报出一个买卖价。

A 银行便可以即时用这个买卖价跟 B 银行做买入英镑（1.4120）或卖出英镑（1.4110）的交易。因为外汇买卖是一种以报价方为交易对手的交易方式，对方报出的价格是可以即时买卖的交易价（英文称之为 Dealing Quote，是能进行交易的报价），报价的银行一定会以报出的价格来完成买卖，不用像在交易所买卖产品时只能先下买卖指令，之后要交易所内确认才能完成买卖。

黄金市场的现货交易也在类似的场外同业市场上进行，买卖价可在交易商或银行相互询价后成交。当客户查询黄金买卖价时，他们向其客户直接报出买卖价：1550.20/1550.70。这个黄金交易价格，客户即时可以每盎司1550.70美元的金价买入黄金，或以每盎司1550.20美元的金价卖出黄金。

黄金价格和外汇价格一样，价格信息在金融市场自由流通，其流通性高、透明度高。交易商在给客户或交易对手方报出黄金买卖价格时，都会参考不同来源、不同市场的黄金价格。因此，客户在同时查询两家银行的黄金交易价时，或许会得到两个不完全相同的报价，但一定是在相若的价格水平上，客户随时可选择一个对自己最有利的价格来进行买卖。

结算方式

全球的外汇交易，无论其报价地点在哪里、交易地点在哪里，大家在外汇市场的运作上都是有一套既定的交易和结算标准的，例如，美元兑日元是指买入美元之后可以在纽约的银行或结算系统内收到所买入的美元，而买入这笔美元交易所需付出的日元要按对方要求存入日本东京当地的银行账户内。

黄金交易的结算也有类似的标准，美元的收付结算形式是被指定在纽约的银行系统内进行，因买卖而要收入或转出的黄金则是指定在伦敦的黄金结算银行账户内转拨。这种黄金与美元的结算方式跟英镑兑美元，或任何一种货币兑美元的结算方式都一样，是通过银行系统来做结算，无论是结算风险、结算责任转移和结算流程都能体现出黄金交易拥有的货币性特质。

2.7 黄金和美元的关系

黄金投资者都有一个概念，就是美元汇价上升黄金价格便下跌，美元汇价下跌黄金价格便上升。我们应该怎样去理解和分析这两者之间的关系呢？从汇兑价格的角度分析美元强弱影响金价高低的原因，会很简单地得出一个两者换算上的关系。

美元币值强弱的兑换关系

美元金价每盎司 1550 美元，其实也是一种外汇兑换的关系，就是 1 盎司 =1550 美元，像 1 英镑 =1.4500 美元一样。若英镑兑美元停在 1 英镑 =1.4500 美元的价位上，而美元汇价受不利消息影响而下跌，那么美元的市场信心下跌,1 英镑便要上升至兑 1.4600 美元了。英镑兑美元的价格上升并非是因为英镑的价值在变化，英镑并没有变强或变弱，只是美元在变。英镑本身价值并没有改变，因此需要更多疲弱的美元来兑换相同金额的英镑。

同一个道理，如果 1 盎司黄金 =1550 美元，美元的币值下跌,1 盎司黄金叫价也许要上升至 1600 美元，金价的反映便是由 1550 美元上升到 1600 美元，因此美元弱、金价升这种关系在很多时候都是成立的。

市场资金流向的关系

美元和黄金的反向关系也可看成是一种资金流向性的反映，因为美元仍是全球最主要的资金货币。全球的热钱流向都是和美元有关，例如透过美元去投资美国股市和债市，透过美元来买入美元资产等。但当美元转弱时，或投资者对投资美元资产失去兴趣或撤离时，这些资金可能被转投黄金市场，或暂靠在黄金资产上。这些由美元流出的资金在支持金价上升时，便有同样产生美元弱、黄金强，美元强、黄金弱的表现。

因为美元和金价可以看成一对货币兑换价，因此令黄金的货币特性更为突出。而在美元的带动下，黄金在交易和结算方面，比其他投资工具或商品更容易被市场接受。

2.8　黄金和其他货币的关系

国际黄金现货的标准是以美元 / 盎司作为金价，绝大部分投资者都能对美元金价有印象，并用它作为交易和入市的价格参考。但美元只能算是一种全球流通的金融货币，不是一种全球性的生活和消费货币。例如在欧洲，人民收入和日常消费，包括购买黄金都是以欧元来进行，欧洲金价对他们来说可能更贴近生活，从而令他们表现出与美元金价不同的反应。全世界有超过 200 多种国家货币，不可能每一种货币都跟金价做兑换关系，这里选择几种有代表性的非美元金价来说明。

欧元和英镑的黄金价格

将欧元和英镑放在同一货币角色上去看与金价的关系，是因为这两种货币都是欧洲货币。在外汇市场的报价方式上，都是以一货币单位兑换多少美元的形式显示，例如欧元汇价是 1.3100，即是 1 欧元等于 1.31 美元，这和英镑汇价 1.5230，即 1 英镑等于 1.523 美元的对价关系是相同的。

国际的黄金现货市场是以伦敦为主要交易和结算地点，因此除了美元金价外，英镑 / 盎司金价也会被运用在进行交易及结算上，伦敦的黄金定盘价也会用英镑报出。下面的例子先以英镑金价来说明，将这种关系和对金价的影响放在欧元金价也是相同的。

例子：英镑 / 美元和英镑 / 金价的变化关系（数字为假设数字，目的在突出这种变化关系）

第一日：英镑 / 美元 1.4500，黄金 / 美元 1520

英镑金价是 1520 美元 /1.4500=1048.28 英镑 / 盎司

第二日：美元下跌，金价上升，英镑 / 美元 1.4700，黄金 / 美元 1530

英镑金价变为：1530 美元 /1.4700=1040.82 英镑 / 盎司

比较之下：美元的英镑汇价下跌了 1.38%，美元金价上升了 0.66%，英镑金价由 1048.28 下跌至 1040.82，跌幅是 0.71%。

假如有投资者在第一日以英镑金价买入黄金，他要付 1048.28 英镑买入，第二天英镑金价变成为 1040.82 英镑，则该投资者在英镑金价的交易上会出现每盎司 7.46 英镑的亏损。英国的投资者如果以英镑作为投资货币买入黄金，他并没有在这个美元跌金价升的公式上得到好处，反而是在以英镑 / 黄金价格这个投资结果上出现亏损。

日元金价

在日本国内最多投资者认识的当然是日元金价，日本东京商品价格的黄金期货报价是日元 / 克的金价，例如 2450 日元 / 克，就是每克黄金为 2450 日元。当日元汇价发生变化时，以日元计算的黄金价格表现也会像英镑金价例子一样，日元金价的变化和走势，有可能和美元金价的步伐不同。

认识日元金价还有一个有趣的地方，日本的民族性导致日本人较容易集体去接纳一个观念和想法。在黄金投资上，日本市场有一观念是认为金价的高低分水岭是在每克 2000 日元的水位。因此当日本市场的黄金价格偏离这个标准价的时候，投资者在黄金投资行为上便有相应的反应。

从世界黄金协会的统计数字可发现，自日元金价在 2006 年高于每克 2000 日元后，日本的实金投资者抛售手上的黄金，以至于日本在过去几年的黄金投资供求数据上都显示净卖出的数字。数量分别是 2006 年的 45.7 吨、2007 年的 56.3 吨，即使 2008 年金融海啸爆发，投资者仍然在抛售手中的黄金，而抛售量也只是轻微减少，全年仍达 39.4 吨。

澳元金价

除了美元之外，澳大利亚元的波动对黄金价格也是有影响的，这种影响主要是透过澳元金价的变化，放大到对黄金生产成本的影响和澳洲金矿公司抛售黄金的价格考虑上。我们先看看在 2008 年金融海啸时澳元波动的例子，因为当时澳元汇价跌幅甚大，更能突出这种关系。

2008 年 1 月，当时的金价约在每盎司 870 美元水平，澳元兑美元的汇价是 0.88（即 1 澳元可换 0.88 美元），换算成澳元金价计算，是每盎司 988.60 澳元。金融海啸后，2008 年 12 月，金价仍停留在相约的每盎司 880 美元水平，但澳元兑美元汇价已下跌了 21.6% 至 0.69。这样一算，澳元金价是上升了 29% 至 1275.40 澳元。

从上面这些数字可以看到 2008 年国际美元金价全年升幅约为 1.15% 左右，但因为金融海啸，美元迅速转强，澳元兑美元出现了超过 21% 的跌幅，这令澳元金价急剧上升超过 29%。这个突如其来的澳元金价升幅加上澳元购买力下跌，打击了澳大利亚当地投资者对吸纳已经上升了的黄金的兴趣，令该地区的黄金需求明显放缓。

2.9　人民币黄金价格

中国的黄金市场是以人民币作为定价货币，上海黄金交易所的黄金合约也是以人民币 / 克来进行交易，例如每克黄金为 250 元人民币，金店的金饰售价也是以人民币 / 克来计算。

前面分别谈到了三种主要货币：英镑、日元和澳元的汇价升跌在金价变化中所产生的不同投资结果，让投资者知道以其他货币作为黄金定价时的升跌会和美元金价的波幅不同。人民币汇价的高低变化在黄金价格的表现上本来也会有相同的效果，但人民币仍未开放。人民币与美元的汇价仍不是自由浮动，因此人民币兑美元的汇价相对平稳。近年间人民币兑美元是在缓慢上升，这个升幅相对于美元金价的升幅，影响力是微不足道的。

但假如人民币在将来可以自由浮动，人民币的波动对金价所产生的影响便会浮现。下面是几个假设情况，让大家在不同的汇价波动情况下，对金价和黄金投资所产生的影响有一个印象和概念。

情况一：人民币兑美元大升

假设美元兑人民币是 6.85，美元金价 1000 美元 / 盎司，以人民币 / 克计算的金价是 220.20 元。当美元兑人民币急跌至 5.85，以人民币 / 克计算的金价便变成 188.06 元。

因此当市场预期人民币兑美元汇价上升时，国内的投资者便不会以美元下跌作为入市理由，在国内以人民币去买入黄金。因为以人民币购入黄金就等于是抛售强势的人民币，即使金价上升了，以人民币来计算金价时，人民币金价的升幅一定比其他的少，甚至仍可能有跌幅出现。

情况二：人民币兑美元大跌

假设美元兑人民币是 6.85，美元金价是 1000 美元 / 盎司，以人民币 / 克计算的金价是 220.20 元，美元兑人民币急升至 7.85，以人民币 / 克计算的金价便上升至 252.36 元。

在这情况下，人民币金价上升所带来的影响可能有两点，一是投资者预期人民币金价会上升而入市吸纳，更容易推高金价，另一个较长线的影响是，人民币汇价下跌令金价上升后，人民币金价会处于一个相对的高水平，这可能会阻碍投资者买入黄金的兴趣和能力，令中国国内投资者对黄金的需求放缓。

如果人民币能自由浮动，中国黄金的开放也会是同步的，若外汇交易和黄金交易都能自由进行，与海外接轨的话，中国黄金市场才能真正腾飞，才能正式成为世界黄金市场的重要一环。

离岸人民币与黄金

人民币的地位虽然日渐高涨，但它还不是一种国际流通货币。不过因为离岸人民币的推出和流通，现时人民币也算在某些层面上有海外流通的能力，这种离岸人民币的汇价和国内的人民币汇价差不多是相同的，而且波动也基本同步。

国内的人民币汇价一般是以 CNY 来作为货币的号，而在香港的人民币汇价是以 CNH 来表示。因为人民币在香港能自由买卖，可作为储蓄存款和投资用途，为吸引这些人民币资金投资者的兴趣，黄金市场相继出现了一些以人民币定价的黄金投资产品。

金银业贸易场的人民币黄金产品

现时香港金银业贸易场有提供一种名为“人民币公斤条合约”的人民币黄金产品。这种合约买卖的是 99.99 成色，重量为一公斤的黄金金块，报价是以人民币 / 克的方式。这个公斤条结算的规格要求，虽能吸引国内的投资者来参与，但因为黄金还未能自由进出口，这种能连通上海和香港的结算操作，暂时未能实质进行。

因为这种人民币公斤条合约只是一种以保证金形式买卖为主的黄金产品，虽然它可以透过实金来进行结算，国内的投资者只能作为大概参考，不存在交易上的参考价值。

第三章
世界黄金市场

认识世界黄金市场，犹如认识黄金小姐的亲朋好友。谈恋爱不仅是两个人的事，也是两个家庭的相互认识。想要与心仪的对象长久交往，就要爱屋及乌，爱上她的家人和朋友。

金本位制取消后，黄金可以自由买卖，全球多国和地区都产生不同形式的黄金市场和黄金交易所。这些黄金市场有些是地区性的，有些却能吸纳国际投资者去进行买卖。经过近四十年的发展和整顿，现时全球黄金市场的发展模式基本固定下来。投资者要对全球主要的黄金市场有所认识，因为这些坐落在不同国家和地区的黄金市场并不是个别和孤立的。这些黄金市场之间，无论是对黄金价格的定价实力，又或是对投资者的吸引力等，相互之间也存在一种博弈关系。我们先从市场结构的角度去了解现时三大区域的黄金市场，再从不同市场内的黄金投资工具和运作方式，去认识黄金投资的大家族。

投资者要先对全球主要的黄金投资市场有一个基本认识，其中个别的市场从其发展、交易买卖方式和结算安排等都有不相同的地方，而这些不同往往是与金价在该市场波动的表现有关，以这种“市场因素”的角度去认识黄金交易的运作，认识市场，认识金价波动的成因，才能更加深入了解黄金小姐的真面目。

3.1 国际黄金市场的组成

因为黄金的全球认受性，黄金交易完全不受单一市场的局限，即使在不同的黄金交易市场，黄金就是同一种大家都认识的黄金，其流通性和认受性相当高。但是，不同地域的黄金市场受到该地域的经济结构和投资者行为所影响，在过去几十年间，每个黄金市场慢慢发展和形成一些独特的地域特点和交易特性。因此，了解每一个主要黄金市场的结构和特性，有助于投资者捕捉黄金价格的走势和变化。

世界黄金市场分为三大地域：亚洲金市、欧洲金市和美国金市。三大地域的金市并不是指单一的一个黄金市场，每个地域市场可能包含多个实体的黄金市场或黄金交易所。我们这样三分世界黄金市场，是因为每个地域市场都有能反映整个地域特点的交易方式和市场特征。

亚洲金市

如果从黄金供应去看，亚洲黄金市场拥有全球黄金生产第一位的中国、第四位的澳大利亚及处在第七、八位的印度尼西亚等国家。而在黄金需求上则拥有全球黄金消费量最大的前两位国家：中国和印度，以及十分富裕并对黄金感兴趣的中东国家。具有了最主要的黄金生产供应量和最大的黄金消费量，这些条件足以令亚洲市场在全球黄金交易中占龙头地位，但现代的黄金交易买卖已经变成金融投资的工具，一旦这些实物金的买卖数量和投资性的交易数量相比，市场的高低实力立见高下，金价的波动力还是主要在欧美市场。

但每当实质因素发挥影响力时，亚洲金市的市场特性便会发挥作用，令金价的波动依照亚洲金市的特性而作出变化。以 2013 年黄金市场出现近 30 年来少见的跌幅为例，2013 年 4 月 15 日，黄金价格出现每盎司下跌 160 美元的跌幅。当时市场情绪偏淡，很多欧美分析家和投资者都认为金价短期内要“下试”每盎司 1200 美元的价位。那次金价的跌幅首先是在美国市场内出现，当亚洲市场开市后，因为实物和长线吸纳黄金的投资者数目不少，金价的突然大幅下跌至2011年1月以来的最低位。亚洲的实金买家和黄金消费者认为是机不可失，买盘大量涌现，结果金价在亚洲市场明显反弹，并且扭转了当时十分疲弱的黄金价格走势。

亚洲市场的特性就是商品需求性的因素较大，而金融资金性的考虑较少，投资者可简单把亚洲金市定性为以吸纳黄金为主的市场。

欧洲金市

欧洲金市最大的特点是以场外交易方式运作的一个黄金现货市场，欧洲金市的产生和发展有其历史原因和过程，全球的黄金现货交易大部分都在英国伦敦进行，这便产生了伦敦交收黄金（Loco London Gold）的市场运作和交易方式，欧洲金市主要是指位于瑞士苏黎世和英国伦敦的黄金市场和黄金交易所。苏黎世交收黄金（Loco Zurich Gold）市场是由于伦敦金市曾在第二次世界大战时停业而发展出来的，因此苏黎世黄金市场在20世纪七八十年代最为活跃。当时还未解体的苏联很多时候都透过苏黎世金市来抛售黄金，套取外汇。

因为欧洲金市是一个无形市场，全球各地都可以用伦敦当地结算的规格来报出自己的金银交易价格。这些类似银行同业间的交易过去都是由专业化高、规模大的金商和银行主导，但近十年来，因为电子交易的扩展和流通性远胜于传统的交易方式，伦敦黄金的交易已经延伸至全球各地。因为伦敦黄金的结算地仍是伦敦，国际性或中央银行的黄金现货交易仍会以伦敦黄金为交易品种，因此伦敦黄金的价格仍是一个指标性的金价。从市场的活跃度来看，因为交易的分散和结构性低，伦敦金的影响力远较纽约金市低。

伦敦黄金市场的交易和运作方式在3.4章节再作详细和全面的解说。

美国金市

自美国对国民开放黄金交易后，因为美国本土涵盖不同的时区和地域，曾经拥有三个主要的黄金交易市场。当时纽约的商品交易所（Commodity Exchange，COMEX）是最活跃的黄金期货交易市场，而美国芝加哥也有两个期货交易所提供黄金期货交易。但随着市场的整合和交易所之间的收购合并，现时美国的黄金期货全在 COMEX 的平台上运作，并因为电子交易平台的推出，现时 COMEX 的黄金期货不受场内交易方式的限制，能提供全天 24 小时的买卖服务。

美国金市还有两个特点，一是衍生工具的买卖十分活跃，特别是期权类的交易。有了期权和期货交易的对冲和配合，这两种与黄金有关的交易买卖相互刺激买卖兴趣和成交数量。美国金市的另一个特点是金价的波动力和波幅高，其大部分出现在美国金市的交易时间中。这是因为在美国金市或纽约期金交易进行之时，也是美国其他投资市场交易之时，包括外汇市场和股票市场，其中能影响金价波动的美国经济数据和消息，也是大多数在这时段内公布，这些资金活动和消息数据都会影响金价的波动和变化。

美国 COMEX 期金合约的运作将在 6.2 章节中详细解说。

3.2 香港金银业贸易场

香港金银业贸易场于 1910 年成立，至今已经超过了 100 年。金银业贸易场是香港唯一的黄金现货交易场所，它是由 170 多家行员单位所组成。由于香港金银业贸易场并不是一个法定的交易所，它只是一个类似商会形式的团体，各行员是以交易会员的经营方式去为自己或客人买入或卖出黄金。假如有公司希望参与金银业贸易场的买卖交易，他只能通过收购现有行员的“金牌”，成为行员后才能参与买卖，这些行员金牌的身价曾高于 1200 万港元。

黄金情话

黄金买卖24小时

在我于1985年所写的《黄金买卖24小时》一书中，我以香港/北京时间作为一个交易日，用时间的连接关系去看当时每个黄金市场的运作和交易。

早上7时：澳大利亚黄金市场开始交易

早上8时：日本金市

早上9时：新加坡金市

早上9时30分：香港九九金市

上午11时：九九金息价的议定

上午12时：九九金的公价和结算

下午2时30分：瑞士金市

下午3时：伦敦金市

晚上6时30分：伦敦黄金头盘

晚上9时：纽约黄金期货

晚上11时：伦敦黄金二盘

凌晨3时30分：纽约期金收市

凌晨4时：芝加哥金市收市

早上6时：美国西岸市场收市

当时全球金市就是这样一个接一个的交接和交易，时间上是可以由早上7时至翌日早上6时。但因为那时交易大多以人手处理，在个别时间内，黄金交易会出现困难，投资者不能在一天24小时的任意时段买卖。

踏入21世纪，电子买卖代替了绝大部分人手交易，黄金交易公司可以通过电子交易系统整合不同黄金市场的价格和仓位。现时很多黄金交易（场外交易）的交易时间是可以由每星期一早上开业后，一直经营至星期五的最后收市，真正能为客户提供全天候24小时不停的黄金买卖。

自金本位制取消、黄金可以自由买卖后，香港金银业贸易场凭借地域上的优势，以及香港自由经济活动的特点和金融交易经验，在20世纪的七八十年代，成为继纽约和伦敦之后的世界第三大金市。当时香港金银业的99金买卖相当活跃，全球主要的黄金交易公司或银行都有利用香港市场来进行买卖或套戥交易。但因为美元兑港元的汇价在1983年10月17日实施了联系汇率制度，减低了因美元汇价变化时出现的金价波动，令香港的黄金价格大致与国际金价同步。差异的缩小和变化不大，令99金的成交量大幅减少，现时更难以发挥对金价的影响力。

香港金银业贸易场提供的都是现货合约的黄金交易，买卖发生后，可以进行实物黄金结算。香港金银业贸易场的最主要交易是九九黄金合约，它的交收标准是成色为百分之九十九，重量为五两（司马两）的金条。这些用作交收的金条都必须由被认可的公司铸造。金银业贸易场并不容许每一个会员自己铸造可作交收结算用途的金条。只有三十间公司可以铸造交收结算用的金条，这三十间会员公司又被称为“金集团”的成员。“金集团”会员公司铸造了合规格的金条后，还必须将所铸造好的金条交到贸易场，贸易场检查黄金成色和重量是否符合要求后，每条金条盖印上“验”字印记，这批金条便可以自由在结算和买卖上流通。银行、金店、会员公司、贸易场和投资者，甚至整个市场都接受并认可它的标准。

香港金银业贸易场成立已经超过一百年的历史，在正常的交易时间内，金银业贸易场以传统的交易方法，包括以手势报告，出市员接触身体的成交确认方式，以及报价员以眼来观察价格的波动和交易情况等。但随着时代的进步和黄金市场的发展，这种传统的人手交易，以及场内的交易限制等，都阻碍了金银业贸易场的发展，并一度令金银业贸易场陷入成交减少和收入大幅缩减的困局。

2008 年 3 月 28 日金银业贸易场开始提供电子交易，但这个交易时间长达 22 小时的电子交易时段并没有为原来主打交易的 99 金合约提供买卖，它反而变成针对投资者较多参与的伦敦黄金交易。

虽然这个电子交易平台可以让所有行员参与，市场又有做市商支持报价，但真正在这个电子交易平台成交的交易量很少，特别是原来主推的伦敦黄金合约，成效并不显著。因为伦敦金买卖的优点是全球性的，是一种不受地域和时间限制的黄金合约，如果通过金银业贸易场的电子交易，便成为了场内的交易合约了。加上伦敦金的投资者习惯以对手方的报价形式进行买卖，行员公司以此方式来交易时，买卖盘的处理和对冲更具弹性。假如将这些交易在电子平台上执行，这些行员的角色便只是一个交易经纪商，为客户执行买卖指令，收入的来源便只局限在买卖佣金，没有其他收益。

虽然这个电子交易平台的真正买卖不多，但它所提供的另一种交易服务却相当成功。利用这个电子交易平台而进行的“登记交易”，将一些本来是行员公司和客户之间以交易对手方的方式完成的买卖，通过这个电子交易系统，按金银业贸易场接受的登记交易成功登记后，便可以获得一个交易编码，投资者就可以在金银业贸易场查到这笔交易。但投资者要明白，这种登记交易并非是真的场内交易，客户的交易对手、结算对象和保证金的存放等，全是由他所开户的黄金交易公司处理，金银业贸易场亦清楚表示这些登记交易的所有风险并非由金银业贸易场来承担。

但投资者要留意的是，客户在和这些行员所经营的伦敦黄金交易公司

黄金情话

司马两的黄金单位

有句俗语说："半斤八两"意思是你有半斤时我也有八两，是旗鼓相当之意，因为传统上的重量单位的是"斤"，一斤就是16两。

在香港金银业贸易场的黄金交易单位也是以"两"字作为重量单位，例如99金的买卖单位是100两，实金的结算规格是每条99成色，重量为5两的金条。在香港的金店买卖黄金首饰时，单位也是两。

但这个黄金买卖单位的"两"和菜市场上的"两"是不同的重量单位，黄金买卖单位的两称之为司马两。这两种"两"之间最大的差别是司马两是十进制的，一两有十钱，一钱有十分，一分有十厘等。

司马两的十进制好处是较容易计算黄金的价值，到金店去买入黄金首饰时，如果看到一条黄金手链，标示1.234，即它的黄金重量就是1.234两，假如饰金牌价是每两15000港元，这条黄金手链的黄金售价便是15000×1.234=18510（港元）了。

中国文字是奇妙的，司马两后面的重量单位都是有专有名称的，例如1.234两，行内的说法是1两2钱3分4厘，这样一说，便知道它的重量是1.234两了。

在进行黄金买卖时，最小单位一般是到"厘"为止，也就是小数点后的三位数，但如果是再细分的话，可以按次序再分为：两、钱、分、厘、毫、丝、忽、微、纤、秒、尘。

进行买卖时，买卖价是由黄金交易公司报出，即黄金交易公司是他的交易对手。即使将这笔交易进行登记，交易和结算都没有真实的透过金银业贸易场进行，客户的交易和结算对象其实是所开户的黄金交易公司。

3.3　黄金现货的交易和结算

99 成色的黄金买卖一直是金银业贸易场最重要和活跃的黄金产品，买卖单位是 100 两，因为是现货形式的买卖，因此在买卖当天（上午）是可以提出收付黄金作为结算的。结算的金条规格是 20 条 5 两重，合共 100 两为单位。但并不是所有进行买卖 99 金的投资者或交易商都会以现货来即时进行结算，买卖 99 金后是可以不作结算，而一直以持仓的方式持有黄金合约。金银业贸易场将这种可押后结算的方式称为无固定期的期货合约（Undated Futures），投资者交易后，不用担心在某一期限前要平仓或结算，结算期是可以一直往后推延的。

买方买入黄金后不用在结算日结算，而卖方则有资金成本的考虑，例如卖方本可收到港元资金，但却因为买方不进行结算，资金回收落空，按道理买方便要按市场的利率成本把这笔资金的费用补偿给卖方。不过，同一道理，卖方也因此不需把已卖出的黄金交出去，可以留在手上运用，以此获得利益。可能很多投资者没有察觉到黄金的资金成本，但就是因为黄金具有货币特性，她也可以运用来获得利息上的收益。

每天在上午 11 时，金银业贸易场会进行当天的实金结算和让息安排，首先是让当天要收金或交金的行员在交易大堂的白色板上写出自己的交收黄金要求。当收取黄金或交收黄金的一方未能如愿进行实物黄金的结算时，便由这一方定出一个延期结算的费用，以这个费用作为其他持仓投资者的收入或支出。

假如投资者做的是现货类型的黄金投资，例如是上海黄金交易所的（T+D）黄金，或国际的伦敦交收黄金，当投资者在入市买入或卖出后，在所规定的结算日开始，所持有的多仓或空仓便要按延迟结算的计费和方向作出收取或付出延期交收的补偿费。上海黄金交易所的（T+D）黄金合约的现货延期结算模式，就是从香港金银业这种无定期的期货交易方式而来。香港金银业贸易场的延期交收费用称为“仓费”，而上海黄金交易所的延期交收费用称为“延期补偿费”。现时上海黄金交易所在定出延期结算补偿费时只有两个变数，一是看申报量的多少来定出补偿费的方向；另一个是费率，这个费率按市场的资金成本而变化。

延期交收的费用就是资金和黄金利率扣减下的产物，例如资金利率是3%，黄金利率是1%，按理便是由持有多仓的投资者去付出2%的延期交收费用。但假如黄金的资金成本高于资金利率呢？这有可能出现吗？答案是有的，当黄金实物需求突然增加，买入黄金的买方志在拿到黄金实物，而卖方不交出黄金，买方损失的不只是两者的资金成本差异。如果买方拿不到黄金，例如金店拿不到黄金，他们的损失会是业务停滞的成本。在考虑这个因素后，计算延期不结算的费用是会出现由卖方支付给买方的情况的。上海黄金交易所在计算延期结算的补偿时，也会出现由持有空卦的投资者付费予多仓的“空付多”情况。

3.4 伦敦交收黄金（Loco London Gold）

伦敦在几百年前已经是一个黄金买卖的中心，但那时的黄金交易只是贸易形式的交易，直至20世纪初才开始形成一个跟现时的黄金交易和结算方式相同的伦敦黄金市场。现时伦敦黄金市场所买卖的黄金品种，市场称为伦敦交收黄金（Loco London Gold），中文叫法可以简称为伦敦金。

伦敦金是一种现货黄金交易，英文Loco London的意思是指黄金结算的Location（即是地点）指定在伦敦，因此称为伦敦交收黄金。买家买入黄金后，他只会在伦敦当地的结算地点或黄金账户内收取到该笔黄金，而卖方，无论是在什么地方进行这笔卖出交易，在结算日要收取美元的话，必须将该批现货黄金运到伦敦的指定黄金结算地点或银行账户。

伦敦金并不是在有形和固定的交易场所进行，我们可以把这些现货交易形容为场外交易，即并非在一个实质性的交易所内进行；又或称之为柜台交易（Over the counter，OTC），因为伦敦金是以客户和交易对手相互间买卖来完成交易，这种交易就像客户走进黄金交易公司的柜台前来询价和完成买卖交易一样。

伦敦交收黄金是以美元来报价的，因此在进行结算时，买方在伦敦收取黄金的同时，他是要付出美元的，而这个美元的结算地点是美国的纽约。举例说，有大投资者买入 2000 盎司伦敦金，价格是每盎司 1500 美元，买卖成交后的第二日，他可指定卖方将 2000 盎司黄金交付，并在同一天将 300 万美元存入卖方在纽约的指定银行账户之内。

伦敦交收黄金就是指这种交收结算要求的现货黄金交易，因此只要买卖双方都按这种结算方式来结算黄金和美元，交易地点便不受任何限制。正是因为这样，伦敦交收黄金便成为一种在全球范围内不同地区，不同时间都可以进行买卖的黄金交易。

这种被中国投资者称为“外盘”的伦敦黄金交易早在 20 世纪 90 年代便在中国暗地进行，这些黄金交易公司通过业务介绍人或经纪代理人寻找客户。由于这类黄金交易活动在国内是不合法的，因此所有业务都没有受任何监管。这些公司更以高份佣金，甚至是分享客户利润的方式去吸引中介机构吸收客户。客户的投资资金亦多来源于不合法的形式，例如是地下钱庄来处理，客户的风险很高，保障很少，市场也多次发生这些黄金交易公司倒闭或卷钱而逃的事件。

踏入电子交易时代，这些境外的黄金交易公司更利用电子交易的便利，提供杠杆高达二三百倍的黄金交易。这些境外的黄金交易公司推出高杠杆的黄金合约，并不是为了让投资者更有投资效益和增加投资回报，事实上是让客户承担更大的风险，承受市场波动的能力大幅降低，从而令部分和客户对赌的黄金交易公司胜算更大。

黄金情话

伦敦黄金市场“本地”化

伦敦金的真正意义是指在伦敦当地进行黄金实物结算的黄金现货交易，由于伦敦金的英文叫法是Loco London，意义是让报价的知道要报出一个以伦敦当地作为结算地的金价。

很多投资者，甚至黄金交易公司的交易员都把Loco和Loca1（本地的意思）混淆了，把Loco London在伦敦当地结算的意义解读为在当地（本地）买卖的伦敦金，变成好像是有“本地”的伦敦金和海外的伦敦金两者之分，将伦敦金市“本地”化了。

当我在黄金交易部门工作时，也经常碰到有些客户以电话来询问金价，只要客户在电话中说：Loco什么价格，有时候我会故意反问：你要一个Loco在什么地方的金价？目的是不要让这些误解的客人以为有一种黄金叫“Loco”。

随着黄金交易电子化，和投资者所接触到的市场资讯增加，可喜的是看到投资者对伦敦黄金交易市场的理解成熟和扩大了，伦敦黄金由“本地化”走向了国际化。

3.5 伦敦金银市场协会（LBMA）

伦敦交收黄金的交易是一种场外交易的现货黄金买卖，理论上是任何公司或金融机构都可以参与，但这种现货在结算时都要按一个统一的标准和方式去进行。过去的伦敦黄金市场基本上是以约定俗成的方式来保持一套大家接受的交易规则，但随着市场的扩大和交易的增加，所有和伦敦交收黄金交易相关的准则和细节，例如结算时的金块标准和金块铸造商的认证、结算系统的组成和参与者，甚至是假如结算日遇上伦敦或纽约的假期时，其中一处地方不能完成结算，结算日变更和处理等，都要有一套统一和市场所接受的规定和做法。

一个名为伦敦金银市场协会（London Bullion Market Association，LBMA）的组织便是在这种需要下组织和成立的。这个组织并不是一个交易所，它不会为会员提供交易平台，也不是一个监管机构，它不会为所有进行伦敦交收黄金的公司发牌或制定监管标准和政策。

伦敦金银市场协会成立于1987年，因为它的成立目的是较为针对伦敦黄金的结算安排，因此它的会员结构和工作也是以管理和制定黄金结算的功能最为突出。协会会员主要分为以下几类：

市场价格提供者会员（Market-making Members）

市场价格提供者又称为做市商，这类做市商会员全是大的金融机构，例如银行和金商，因为他们有能力在专业的黄金交易中担当一个做市商，他们的交易对手随时可以向他们查询黄金价格和买卖情况。这种会员只有十多家，这十多家会员公司会提供包括现货的黄金和白银、远期的黄金和白银，以及金银期权的买卖价格给市场来进行交易。其中只有五家是能提供全部三种金银交易品种的报价，为市场提供足够的交易流动性。

普通会员（Ordinary Members）

伦敦金银市场协会的普通会员公司约有80多家，是一批有参与或经营和伦敦交收黄金交易有关的公司，只要有符合活跃参与相关业务的要求便可以加入，中国银行也是其中一员。

附属会员（Associates）

以海外的公司为主，他们在某些运作上会涉及伦敦交收黄金的业务，例如中国的长城金银精炼厂也是这种附属会员，会员数目接近 70 家。

（伦敦金银市场协会网址：www.lbma.org.uk）

3.6 伦敦黄金的报价

伦敦交收黄金并非一种交易所的产品，因此，提供伦敦黄金买卖的黄金交易公司亦无须任何资格或要求，但因为他们黄金交易的买卖价格和运作模式都需要在伦敦结算，在运作上应该按这些市场准则而进行。

黄金交易报价

伦敦黄金以美元金价的方式来提供报价，报价单位是盎司 / 美元金价，例如是 1530 美元，是指每盎司黄金的价格是 1530 美元。

买卖差价

因为伦敦金是以对手交易方式进行，黄金交易商向客户同时提供一个买卖价，例如：1530.00/15030.50，即客户即时可以 1530 美元的价格卖出黄金，或以每盎司 1530.50 美元买入黄金。这个买卖价间相差的 0.50 美元称之为买卖差价。这个买卖差价并没有统一的要求，黄金交易商可以在这里吸引客户，因为较小的差价对投资者较有利。另外，黄金交易商也会根据平衡风险作考虑。所谓平衡风险是客户进行买卖时，如果黄金交易公司要对冲买卖，他向客户提供的买卖差价小于他能向银行所得的差价时，对冲风险便增加了。

现时在专业的黄金交易市场上，一般银行金商间的买卖差价约在 0.30 ~ 0.40 美元。假如是通过电子经纪平台交易，平台上集合了好几家银行金商，彼此竞争提供客户最佳的买卖价，因此买卖差价有机会低至

0.10 ~ 0.20美元。

假如一家黄金交易公司，从资本财务实力上不能够参与银行的同业交易，但他也提供相对小的买卖差价时，一个可能是他们有大量的客户进行交易，在客户的买卖相互抵消下，细小的买卖差价并不会加大他们的风险；另一种情况是这些黄金交易公司不会在市场上进行即时的对冲，他们完成吸纳客户形成对手方的持仓关系，细小的买卖差价只是他们吸引客户的工具。在这种情况下，这些公司便需要承受巨大的金价波动风险。曾经有公司以这种方式经营，结果是客户的持仓获丰厚利润，而这利润就是公司的损失。而公司因不能承担和缴付这些利润，导致公司倒闭。客户在取不到利润之余，所有资金都损失掉了。

金价的波动

所有的期货交易所对某种期货合约的价格波动，都会定出一个标准，例如美国的COMEX定出了期金的最低波动价为0.10美元。由于COMEX的最低波动价是0.10美元，期金价格便不可能出现每盎司1520.15美元的价格了。

伦敦金并不是场内交易，没有一套必定要遵守的规则。但伦敦金价交易协会（LBMA）是一个市场参与者的组织，也会定出一些市场运作上的准则。在伦敦金的现货报价上，它提出的标准应该是0.05美元，即买卖价可以出现5美分的报价单位，例如是1530.25/1530.55等。

但投资者现时会发觉很多黄金交易公司报出的伦敦金价有点“古怪”，例如是1530.17/1530.53，价格的最小波动可以低至1美分。这是因为这些黄金交易公司是通过电脑系统去进行取价和报价，根据不同来源的价格数据，再作计算上的处理后便成为买卖价格。

黄金情话

纯金价格

假如你的面前放了两件黄金首饰，这两件金饰的重量是相同的，价格上，一件是1000元，另一件是800元，哪一件较吸引？

我们不要以为前者价格较贵，就受到后者便宜的吸引。如果前者的黄金成色（含量）是0.9999，而后者只有0.70，那前者虽然要卖1000元，但它的吸引力是大的，因为它的含金量高。同一道理，我们比较两个不同地区的黄金价格时，除了透过重量和不同货币的换算外，也要按不同市场的黄金成色结算要求来作出一个换算。

例如，当我们要换算人民币金价（0.9999）成伦敦金的价格时，很多人以为只需换算美元兑人民币的汇价，以及将盎司转换成克的重量便算完成，这还忽略了一个黄金成色上的运算。因为人民币金价成色是0.9999的标准，但伦敦金的报价成色却是纯金（1.000百分百的黄金）报价。

“金无足赤，人无全人”，事实上黄金是不能以纯金的形态存在的，我们制造不出一条纯金的金条。但伦敦金的纯金报价是为了在结算时计算实收黄金数量的要求，也能更为方便地处理不同金块的换算。因为伦敦金的结算规格不是精确性要求某一成色和某一重量，重量上它可以是350～430盎司，黄金成色要求也只是在0.995或以上便可。因为伦敦交收黄金的金条不是精炼的金块，每批金块的成色差异是很大的，不同的黄金成色，只要换成是纯金重量，便能快速知道实际的结算数量。

在纯金报价和纯金结算的要求下，假如客户卖出一条380盎司重，成色为0.998的金块时，他要计算在交易时卖出多少黄金，答案便可简化成：380×0.998=379.24盎司。

如果投资者只是简单将不同金价换算成伦敦金的美元/盎司价格作比较，不在意这个纯金报价的轻微差异也是可以的。但假如是进行实物金的交易买卖和结算时，则纯金报价的含金量差异一定要计算在内。

伦敦金的买卖单位

伦敦交收黄金最后是以现货形式来进行结算，结算时所规定的实物金块是约400盎司的黄金（实际重量要在350盎司至430盎司之间），因此市场是以一条金块（One Bar）就是400盎司来作为最低的买卖单位。但随着黄金市场的金融化，很多交易结算只是账户上的处理，因此买卖的标准单位可以低至100盎司，而个别按实际需要则更有弹性。

一般的黄金交易公司多以100盎司作为1手的买卖单位，有些黄金交易公司也提供0.1手合约，即是10盎司的买卖。

3.7 伦敦黄金定盘（Gold Fixing）

伦敦交收黄金的最早一笔交易在1684年产生，之后伦敦便慢慢发展成一个现货黄金的交易市场。但在从前的市场结构和交易环境下，市场的流通性和交易效率肯定是不高的，如何使这些分散的交易集中处理，让交易更有效率、市场信息更透明呢？于是当时五家主要经营黄金交易的公司，每天指定在上午和下午各一特定时间，将各自客户的买卖拿出来集中配对处理，并按买卖的数量将交易价格调高或调低，直至买卖平衡，然后将所有交易以这个价格成交。

这种定盘是由 1919 年 9 月 12 日开始产生的，伦敦的五大金商进行了第一次黄金定盘。当时作为伦敦定盘主持的罗富齐父子公司得到南非一份合约，负责在“合适”的价位为南非抛售黄金。如何能找到一个合适的价格呢？然后再考虑是否合适进行交易呢？伦敦定盘的交易时间段就能提供这种弹性和机会。伦敦定盘一天分两次举行，上午定盘在伦敦时间早上的 10 时 30 分，而下午定盘在下午 3 时开始。伦敦定盘开始时，由定盘主持人参考定盘前的黄金价格，再考虑本身客户的买卖数量后，提出第一个试价，例如 1320 美元，之后其他参与定盘的公司便分别将该公司客户净买入 / 卖出的数量提交出来。假如所有的买卖配对后，买入的数量较多，黄金定盘的试盘价位便相应提高，例如由每盎司 1320 美元上升至 1323 美元；当出价卖出量多于买入量时，则会把试盘价格调低，例如 1322 美元。就是经过这样反复试价，而试价过程又会令买卖数量作出改变，直至买卖数量相等后，这个最后的交易价格就是定盘价。

伦敦的定盘交易只有开始时间，要等到最后买卖平衡，最终确认定盘价后才算结束，时间上可以短至数分钟内完成，但也会因为买卖数量的反复和改变，令定盘花很多时间，最长的一次定盘时间是出现在 1987 年 10 月 19 日，当天的下午定盘用了超过 2 小时 15 分钟才结束。

伦敦定盘意义和改变

从全球的黄金交易看，伦敦定盘因为是定时定点进行，一般投资者参与的兴趣不大。但伦敦定盘在过去和现在都有一种指导性作用，因为伦敦交收黄金是场外交易方式，难以有一个统一的报价标准。但在处理黄金交易上，有些买卖活动希望能有标准化和透明化的成交记录。例如中央银行要卖出黄金现货，如果经伦敦定盘来进行，中央银行便不用紧跟金价的波动，又例如有些黄金交易并不是真正的买卖，只希望透过一个标准定价来计算资金量，伦敦定盘便能发挥这个作用。

在一些地区性的黄金交易所，因为不具备黄金实物结算的需求和能力，他们只希望提供投资性的黄金交易给当地投资者，这些交易所的黄金合约的结算便会以现金结算来处理，伦敦金的定盘价正好发挥出这种全球性、标准而公平的指导作用。现时台湾期货交易所的黄金期货和过去香港期货交易所的黄金期货都是以伦敦定盘价来作结算价格的。

这种称得上百年老店形式的伦敦金定盘运作方式在 2015 年出现了根本性的改变，诱因是在 2014 年众多银行被牵涉关于伦敦银行同业拆息定价（LIBOR，London Inter Bank Offer Rate）的操控事件。参与的银行害怕再度陷入人为操控的指控，现时 LIBOR 这个作为全球认可的美元利率基调定价机制已经交由美国洲际交易所（ICE，Intercontinental Exchange）来运作和处理。

基于同一思维和考虑，伦敦金的定盘已经在 2015 年 3 月由 OTC 的场外交易形式改变成在交易所进行和结算的场内交易形式，由 ICE 的 Benchmark Administration（IBS）管理。这种运作方式就像一般交易所买卖合约的对盘定价方式，改变后的伦敦黄金定盘同样是在每天伦敦时间的上午 10 时 30 分和下午 3 时，分两次进行。

新的伦敦黄金定盘由一位独立委任的主席主持，先由他定出一个和市价相若的试盘价，然后按参与买卖的数量来作价格上的调整，最后在买卖差不多对等时（现时的机制是差异少于 10000 盎司之内也视为对等），定出最后的伦敦黄金定盘价。定盘已经不再是在一个特定的房间经传统的电话进行，现时是通过电子交易平台让参与买卖的双方即时配对。在定盘金价定出后，黄金定盘的参与者先进行内部客户的配对交易，之后才作外部其他交易商的配对和现货结算。

伦敦金定盘作出改变之后，虽然仍可以作为某些黄金交易的定价和一些黄金衍生产品的指标价格，但过去那种带点英国传统贵族味道的结构已经荡然无存。黄金投资者或黄金业界要利用黄金定价的话，可简单从交易所的运作去了解和参与，伦敦黄金定盘就只变成一个增添黄金投资雅兴的历史名词和故事了。

黄金情话

五大金商的兴衰

伦敦黄金市场有所谓五大金商，如果以实力和地位计，当然就是指主持伦敦黄金定盘的五家金商了。

在我刚进入黄金交易的工作时，我对好几家交易对手的公司名字都感到奇怪，因为这五家当时到香港进行黄金交易的公司，公司名字都像一堆人的名字。当时的五大金商英文名字是：（后面的中文名称是他们到香港开业后所采用的）

Rothschild & Sons（罗富齐父子）

Sharps Pixley（金宝利）

Samuel Montagu（万达基）

Johnson Matthey（万丰）

Mocatta & Goldsmith（万嘉达）

这五大金商在 20 世纪 70 年代中开始登陆香港，那时候这些金商都是由伦敦派来一二位老外做先头部队，其后才在香港招聘专才，这批人也就成为香港黄金交易的第一代人了。

十年人事几翻身，现时参与伦敦定盘的五位参与者都已经改朝换代了。犹记得第一个倒下的是 Johnson Matthey。Johnson Matthey 本来是以金银交易起家的，但后来增加了银行业务，公司名字加入了银行概念变成 Johnson Matthey Bankers。但因为银行业务发展过急过快，结果在 1984 年 9 月 30 日，也就是香港的 10 月 1 日上午被英伦银行象征性以 1 英镑收购接管。

作为伦敦黄金定盘形象人物的 Rothschild & Sons，在其他四家定盘公司早已被银行取代后，更主动放弃黄金交易业务，2004年5月5日起退出黄金定盘。2016年4月11日，中国工商银行正式获准加入伦敦金银市场协会（LBMA）黄金价格机制，成为LBMA黄金定盘商，自此中国黄金投资者的影响力便能直接延伸到伦敦黄金定盘了。

3.8 伦敦黄金的结算

伦敦交收黄金是一种现货形式的黄金买卖，这种现货形式的买卖和外汇市场的现货交易相似，买卖完成的当天称为交易日（Trade Day），结算日是在交易日后加上两个工作日，也就是投资市场上经常看到的"T+2"结算方式。

在交易完成后的第二个工作日，现货的伦敦金交易便要进行结算。Loco London顾名思义，它的黄金结算地就是在伦敦。假如是以实物方式进行结算，卖方要将黄金运到伦敦，将要结算的金块交付给买入的黄金公司。这些用作结算的黄金实物，必须要符合几点要求。

a. 铸造要求

假如黄金是由不知名的金矿公司生产和铸造，黄金的重量和成色便不一定真确。这些交出的黄金实物很多时候并不是立即变为原材料消耗，很多时候会是变为结算用的材料在不同的金库流通，如果这些不知名的金块不被市场接受和认同，便不具备流通能力。因此伦敦市场有一个制度，就是这些用作实物金结算的金块必须是由其中一家认可的金条铸造商或黄金提炼公司所铸造。这些由已登记、核准的铸造公司铸造好的金块称之为"认可的交割金块"（Good Delivery Bar）。这些认可铸造商的名单可以在伦敦金银交易协会的网页查阅。

b. 成色要求

用作结算的黄金金块有一个黄金成色上的要求，金块的成色要在99.5% 或以上（市场的标记 995+ 即是指 0.995 或以上的意思）。成色数字必须标记在金块上，因为伦敦金是纯金报价，买卖数量是指纯金单位，因此交割的纯金含量是以金块重量和成色来计算。例如一条 390 盎司重而黄金成色为 99.7% 的金条，当作为实金结算时，黄金结算重量就是 390 盎司 ×0.997=388.83 盎司。

c. 重量要求

但因为铸造上并不是精铸，实际交割时容许的误差范围是 350 ~ 430 盎司。当金矿公司交出一条 410 盎司重，而黄金成色为 0.997 的金块时，它实际的结算黄金重量是：410 盎司 ×0.997=408.77 盎司（纯金）。

虽然伦敦交收的黄金交易是以现货实物金来结算，但并不是指每一笔黄金买卖一定以实物金块来处理。即使是金矿公司，他们也不可能以分批方式，将生产出来的黄金定期的卖出。他们会先将生产出的黄金运到伦敦，存入结算银行或金库，等待黄金价格上升时才卖出。又或是有实物金的投资者或基金公司买入伦敦黄金，他们都有结算能力，可以在结算日进行交割结算。但将一块块 400 盎司重的金锭交付给他们时，他们也不知怎样处理。因此伦敦交收黄金在结算时，除了实物金的结算外，还可以像外汇市场的结算一样，在银行系统内出现的黄金账户进行结算。

这些买入伦敦金的投资大户或其他金融机构，可在伦敦黄金的结算银行内开立黄金结算账户，当要收取黄金时，黄金资产便会转移到他们名下。这使黄金结算的账户在处理黄金结算时更简便，更具金融操作性。

六家在伦敦黄金市场上担当结算银行的是：

The Bank of Nova Scotia–Scotia Mocatta

Deutsche Bank

HSBC Bank USA National Association

Barclays Bank

JPMorgan Chase Bank

UBS

非指定和指定的黄金账户

上述这些在伦敦结算银行开设的黄金账户，其操作流程和一般的银行资金账户相似，银行只以一个余额或数字来处理。即使是金矿公司以实物金的方式存入黄金，存入的数量是 30 条金条，纯金量为 12032.43 盎司，银行只记入这个黄金存入数字，金矿公司将来要转出或结算的只是这个数字，而不是这些金条。这种形式的黄金账户称为非指定账户（Unallocated Account）。

另一种同样是黄金账户，但有不同处理方式的账户称之为指定账户（Allocated Account），开设这些账户的客户要求他所存入的金条将来能一一取回，每条存入的金条有号码作为识别，客户就像是将银行作为保管所存入金条的机构。

站在银行的经营和运作角度看，非指定金条账户方式存入黄金之后，银行可以将这批存入的金条作资本运作的方式处理，既简单又可产生黄金的资本运作效益；但在黄金指定账户下，银行只能提供一个保管式服务，不能动用这批金条，效益减少，因此银行可向这些指定金条账户的客户收取额外的实物金保管费用。

3.9 伦敦黄金的买卖

以伦敦当地作为买卖和交收标准的现货黄金交易已经运作超过了 300 年，但在过去大部分时间里，伦敦交收黄金就是以伦敦当地所产生的交易

黄金情话

你能搬动多少金块？

伦敦黄金现货的金块结算规格，在重量上是指约为 400 盎司的金块，400 盎司约是 12.5 公斤。

当年在银行黄金部门工作时，银行进行了大量的套戥交易，经常将黄金从伦敦运到香港，然后再转换成 99 金（或其他实金交易）来作为平仓手段，赚取香港和伦敦黄金市场间的差价。

因为运输成本的考虑，每次从伦敦运来的金块最少是半吨，即 40 条约 400 盎司的金块，最多的一次印象中是 2 吨。

运送金块的护卫公司将金块运到银行时，我们便要一一将装有金块的木箱或布袋打开，将金块一条一条放在地上，然后核对每条金块上编号、重量和成色。核对后这些金块便以人手搬动，放进银行的大保险库之内。将这些金块搬动是乐事还是苦差？假如这些金块是自己的当然是件乐事，但年轻的我也不认为搬动金块的工作会是件苦差，我们还是会在工作中娱乐自己。

娱乐方式之一是练习“虎爪功”，就是只以五根手指抓起一条重 12.5 公斤的金块，这动作刚开始时还很轻松，但拿上十条八条金块后，手指会开始有点麻。日子有功，经过几年的锻炼，我的“虎爪功”功力还不错的。

娱乐方式之二是看我们双手能拿动多少金块？我们从放满金块的银行办公室，将金块搬到金库的路约有 20 多米，通常我们是双手捧起一条金块搬动。偶尔时间紧张，要加快搬动，我们便双手把两块金块叠一起走动。有一次我们做了个测试，看一个普通人能同时搬动多少金块？

测试的结果是，搬动一块12.5公斤的金块时，你可以轻松的跑步；搬动2块共25公斤的金块时，你只能以步行的速度前进；搬动3块共37.5公斤的金块时，你只能站着移动三四步；搬起四条共50公斤的金块时，你只能忍一口气把它们叠在一起用双手捧着，然后吃不消的马上放下，四块金条会令你寸步难移。

为主，当中大部分是以实金进行结算的，那时候的伦敦金市并没有产生投资功能。

以实物交易形式来进行买卖，对投资者主要产生两个局限：

一是资金量需求大。因为现货形式进行买卖，买家要在结算日付出全数金额，收取买入的黄金，这样百分之一百的货款对于投资者来说有资金上的成本和压力。

二是只能实买实卖。当投资者认为黄金价格会下跌时，这些现货投资者最多只是把手上所持有的黄金卖出，不能做空来持有空仓，这样对投资者来说就不能把握所有黄金价格波动的投资机会。

另一方面，现货黄金买卖本来受到运作时间所影响，但电子交易产生后，能既保持黄金合约的投资特点，又不受交易所和地域等局限，可以24小时买卖国际黄金现货，也就是伦敦交收黄金的合约。

现货交易可以让客人随时在平台进行黄金交易，标准化后的交易方式在确认交易后，买卖双方同意在指定的某一短时间内，例如在交易日后的第二个工作日进行黄金实物的结算。这种伦敦黄金的结算方式类似银行的外汇交易一样，在交易完成后的第二个工作日结算，这就是标准化的黄金现货合约（Spot）。伦敦交收黄金的标准是：黄金的交收地点在伦敦的黄金结算银行，买卖结算的美元在纽约的银行美元结算系统，有了这套标准才能衍生出延期交收，甚至不需交收的黄金买卖合约。

伦敦交收黄金的现货交易可以在 T+2 进行结算，但变成黄金合约的伦敦金买卖可以让投资者原来在 T+2 当天要交出或收取黄金的责任一天一天的往后延期，直至平仓或有机会真正进行实物清算为止。伦敦黄金的延期结算费用并不包含在买卖价格上，当平仓时，实质的盈亏要扣除或加上这笔延期交收费用。

因为伦敦金成为了投资性的黄金交易工具，一般的投资者都可参与买卖。投资者在和银行或黄金交易公司进行买卖时，要先付出一笔交易保证金。因为伦敦金不是交易所的标准合约，对黄金交易保证金也没有统一的要求。但因为银行或正统的金融机构对风险考虑谨慎，对客户的保证金要求也相应提高，一般是收取 5% ~ 10% 的保证金。以黄金价格为每盎司 1500 美元算，每一手 100 盎司的合约金额为 150000 美元,10% 的保证金要求是 15000 美元。

非金融机构的黄金交易公司在保证金的要求上更有弹性，现时很多黄金交易公司只收取 1% 或以下的保证金，即每手伦敦金只需付出 1500 美元便可进行买卖。

黄金交易保证金其实是对双方的一种保障，对黄金交易公司来说，有了交易保证金，万一客户买卖后，金价出现不利客户的交易，开始出现亏损，则有交易保证金来抵消，客户的资金账内仍有余额，有时间通知客户追加保证金，当客户未能缴付也会有较多时间去处理平仓安排。

站在客户投资的角度看，保证金的多少一方面是资金量和能力的考虑，另一方面是对金价波动能力承担的考虑。因为金价有波动快和大的特点，如果客户只付出 1500 美元作为交易保证金，他所能承担的波动打击只少于每盎司 15 美元。有些黄金交易公司因为没有即时对冲客户的交易，变成是站在客户的投资方向对立面上，他们将交易保证金的要求降低，目的是在金价波动下，这些少量保证金的交易会更容易亏损平仓，这些客户的亏损，便变成他们的交易利润。

3.10 伦敦黄金的持仓成本和计算

一般投资者和黄金交易公司进行伦敦金买卖后，都是以持仓的方式去避免结算责任，这是一种延期结算的安排，伦敦黄金市场称这种安排为递延结算（Deferred Settlement）。虽然投资者是以场外交易的方式跟交易对手的黄金公司完成交易，买卖是这双方的关系，但因为买卖黄金产品的是伦敦金合约，在交易和结算安排上仍要遵循伦敦金市的规则和市场惯例。

递延结算的利息计算日数

延期结算是在伦敦金的结算日才开始的，所以投资者要先明白延期结算的起息日并不是交易日，而是结算日当天。以下的例子可以看到在不同的交易日和结算日情况下，计算利息的日期是怎样处理。

a. 即市的交易平仓，不用计算利息

举例：客户上午买入 100 盎司伦敦金，下午平仓，收市后没有持仓，在这种情况下不用付持仓利率。正确的理解不是因为他即市平仓，而是上午买入伦敦金的结算日是两天后，而下午卖出的伦敦金的结算日同样是在两天后。即是在两天后的结算日当天，投资者没有结算责任。

b. 交易日的相差天数等于结算日的相差天数

举例:6 月 1 日（星期一）交易的结算日是 6 月 3 日;6 月 2 日（星期二）交易的结算日是 6 月 4 日。投资者在 6 月 1 日卖出伦敦金，在 6 月 2 日买回平仓，结果在交易账户内显示计算了一日的持息费用（收入）。在这个例子中，只计算一天利息，不是因为交易日相差了一天，是因为结算日 6 月 3 日和 6 月 4 日相差了一天。

c. 交易日的相差天数与结算日相差天数不相同

举例: 6 月 3 日为星期三，它的结算日期在 6 月 5 日（星期五）,6 月 4

日星期四的结算日因为要在第二个工作日，因此会是在下周一的6月8日。假如投资者在6月3日买入伦敦金，之后在6月4日卖出平仓，当他收到黄金交易结算日报表时，会发现黄金交易公司收取了他三天的利息。

投资者不要奇怪为什么买卖只相差一天，却要付出三天持仓费用，付出的三天实际上是指由6月3日交易时的结算日6月5日起算，至一天之后的平仓的交易结算日6月8日，利息要由6月5日起算到6月8日一共三天。

假如投资者在6月5日（星期五）买入了伦敦金，他在三天之后的下周一才平仓，这笔一买一卖的平仓交易虽然是相隔了三天，但在结算日来看,6月5日买入的结算日是6月9日，而6月8日平仓时的结算日是6月10日，在计算持仓费用时，只需计算由6月9日至6月10日的一天利息。

递延结算的利率

计算日数在黄金的专业市场，如果是由银行等大金融机构或金商的相互交易，利率的差价是很细小的，但实力相对逊色的黄金交易公司便要多付利差成本。

举例说，黄金交易公司得到的美元利率是2.5%/3.5%，得到的黄金利率是0.5%/1.5%。该黄金交易公司要计算延期结算费用时，若他持有多仓的话，等于要付3.5%美元利率，而只能减去0.5%的黄金利率，等于要付3.0%的多仓延期利率。相反说，如果这黄金交易公司是持有黄金空仓，延期结算时，他要付出1.5%黄金利率，收到2.5%美元利率，他这个空仓在延期结算时的费用（收入）是1%。

黄金交易公司报出延期结算利率时，为了保障风险和增加收入，他会再扩大利率差价。因此这些黄金交易公司会以一个3%的利差来计算客户的持仓。

客户黄金多仓付出 3.5%

客户黄金空仓收取 0.5%

近年来，在有些情况下，因为美元利率和黄金利率接近，再加上这个 3% 的利差因素后，黄金交易公司在该段时期的持仓利率是：

客户黄金多仓付出 2.5%

客户黄金空仓付出 0.5%

在这持仓费用的利率下，无论是持有多仓或空仓，客户都需付出一个延期结算的费用。

3.11 黄金投资市场的变化

黄金投资市场的发展时间由 1975 年开始算的话，发展已超过 40 年。在这段发展过程中，黄金投资市场对无论是金市的结构、买卖和结算方式，还是参与者的归类和特性等，都发挥了影响力，并令黄金市场不断修正步伐，不断按投资者的兴趣来推出产品和交易方式。特别是踏入 21 世纪后，黄金市场出现了几个明显和微妙的变化。

投资性交易较实质交易的成交量多，影响力大

在我们论述影响黄金价格的因素和谈论黄金市场的参与者时，会发觉黄金的实质供求关系一直是黄金市场和影响金价的最基本因素，但假如黄金市场在过去 40 年只在这个实金供求的基础上发展，它最多只能展示其商品性的性质和特点，整个黄金市场的产值和交易量就只会是每年三四千吨黄金的价值。

黄金市场之所以能成为全球金融市场的重要一环，是因为黄金的金融货币特性令黄金市场能从一个原来只是实金交易的商品市场转向为以投资为主导的市场。现时投资性的黄金交易占了黄金买卖的主导地位，整体的黄金市场要配合这种由实质需求到投资性的黄金交易的变化时，有几点需要关注：

投资性的交易平台

有投资特性的黄金交易不可能只以柜台式的现货交易进行，它需要一个有效率的交易平台来进行。这种所谓交易平台，最简单的就是交易所。上海黄金交易所在 2002 年成立并开始进行黄金交易，初期也是全以实买实卖的交易形式作为开端。经过几年的运作，以及中国总体投资市场的发展和形势推动下，中国的投资性黄金交易慢慢成了主流，上海黄金交易所在 2005 年推出的（T+D）黄金合约，就是配合黄金交易由实物买卖和结算全面转向金融投资的需要。

投资性的交易条款

在投资性的黄金合约出现前，黄金市场只是一个商品性的市场，供求双方利用黄金交易，各取所需，一买一卖。这种黄金交易市场并不具备高级的投资功能，买卖双方只能透过对手方的交易方式来完成交易。这些成交价是否是市场最后成交价格呢？作为客户的买家或卖家都不一定能知道所谓的“市场价格”，这种需求性的一对一交易方式，肯定是对客户一方不利的。

自美国期金市场在 1974 年正式运作后，散户也可以透过期货市场来买卖低至 100 盎司的黄金合约，散户有能力参与黄金交易。这种期货买卖形式的黄金交易，在报价、交易、实金结算和盈亏计算等条款上都有统一的标准和做法，这令黄金交易的渗透性和流通性更大。

此后，伦敦交收黄金的现货买卖方式开始流行，金商和银行的客户不再局限是实买实卖的客户，这种具有全球流通性的黄金交易合约也拥有统一的投资功能条款，例如美元/盎司的现货报价方式、T+2的现货结算和标准等，伦敦金逐渐变成一种标准的黄金交易品种。

电子交易平台和媒体的作用增加

在互联网已经渗透到日常生活的情况下，黄金市场也利用互联网来架建可散播至全球每一角落的电子交易系统。实体的交易市场，例如香港金银业贸易场和上海黄金交易所，为了补充原来场内交易时间有限的不足，都建立了电子交易平台，让会员、行员和客户等都能在场内交易结束后，或当金价在海外市场波动时，仍可以进行交易。随着手机和平板电脑等移动通信工具的流行和系统功能的扩大，多媒体的交易系统也相继推出，未来黄金市场会在系统使用和交易功能强化上进一步电子化。

第四章
中国黄金市场

认识了黄金小姐遍布世界黄金市场的亲朋好友，我们要着重介绍来自中国的黄金美女。中华民族可以说得上是一个喜爱黄金的民族，黄金在中国历史上的地位极为重要，但中国黄金投资市场的发展只有十多年的时间，历程和经验远远不及其他国家。2001 年 4 月起，作为管理着中国黄金交易的人民银行宣布取消“统购统配”这种计划经济的黄金交易管理方式，正式放手黄金产业进入市场化，进入投资化。

2002 年 10 月 30 日，上海黄金交易所正式运作，这是新中国成立以来的第一个黄金交易所，会员间能够进行黄金交易买卖，这为不同形式的黄金产业公司、银行及投资者提供了一个交易场地和投资工具。近年来，无论是参与买卖的会员公司，还是所提供的交易品种和成交量都有明显的增长。

这个章节首先介绍目前中国黄金市场的结构和组成，对当前投资者可以参与的黄金投资工具一一进行介绍，让对黄金有不同程度认识的投资者了解这些产品并参与买卖。而对中国黄金市场不了解的海外投资者，亦可通过这个章节，了解中国黄金市场的运作和特点，把握将来中国黄金市场走向世界后的机会。

4.1 中国黄金市场的结构和组成

从宏观的角度看，中国当前黄金市场的结构组成可以分为三个层面：监管层面、经营层面和投资层面：

监管层面

中国人民银行：中国人民银行虽然在2001年放开"统购统配"的黄金政策，但名义上人民银行仍负责管理国家的黄金储备，负责执行国家的黄金政策和法规，例如上海黄金交易所便是经国务院批准后，由中国人民银行组建的。

中国证券监督管理委员会：中国证券监督管理委员会简称为证监会，是负责监督证券和期货行业的法定机构。它的角色像香港证监会和美国商品期货交易委员会一样，对证券及期货的交易所运作、交易品种、交易细则、业务运作等进行监管。

因此，中国国内的黄金交易要面对两个不同性质和层面的监管，简单说，上海黄金交易所因为是现货交易方式的黄金买卖，空间和弹性较大，实金的交易只要符合人民银行的黄金政策和法规便能衍生出不同品种的现货交易方式。反之，上海期货交易所推出的期金交易，由于是以期货的交易方式进行，黄金期货的所有交易品种、条款、运作和业务开拓等都要符合国务院颁布的《期货交易管理条例》和接受中国证券监督管理委员会的监管。

经营层面

上海黄金交易所：上海黄金交易所是经国务院批准，由中国人民银行所管理的黄金交易所，为其会员提供黄金、白银和铂等贵金属交易买卖服务。上海黄金交易所并不是商业性质的企业，它的组成和管理都是由会员中产生，在组织结构的特点和现货交易的方式和结算处理上，与香港金银业贸易场十分接近（上海黄金交易所的黄金合约交易和投资将在下面的4.2章节内作详细介绍）。

上海期货交易所：上海期货交易所是中国最活跃的期货交易所之一，它同样不是以盈利企业的模式经营，全体会员大会是最高的权力架构，理事会和其下的8个委员会和职能部门，分别负责监察、交易、实物交割、会员资格审查、财务、技术、产品和调解八大功能。上海期货交易所也提供除黄金和白银期货外共10种的期货交易合约。

商业银行：自中国将黄金市场开放后，因为金价的走势凌厉，加上中国经济起飞，国外资金泡沫化等因素，黄金投资在国内越来越受投资者欢迎。现时国内主要的商业银行都有提供黄金实物金和黄金交易服务，但经营的方式仍以低风险的中介业务为主。在中国黄金市场的发展和结构下，银行将越来越多地参与和发展黄金投资业务。

投资层面

个人投资者：国内的个人投资者一直都对黄金有浓厚的兴趣，这些投资者少至可能仅买入十克八克黄金，多至也有买入以黄金公斤条为单位的土豪，又或者是充满赌性，以杠杆放大来投资黄金的投机者，他们都是中国黄金市场的重要组成部分，如果没有这批投资者，中国黄金市场可能只是一潭死水。现时国内没有对黄金投资者有任何的限制，国内推出的黄金交易品种都可以让投资者参与，因此国内投资者对黄金投资的认识日渐增加。但整体上对全球黄金市场的结构和金价走势的实质因素仍了解不足，很多时候只凭感觉入市，例如全球瞩目的大妈买金热潮，虽然声势大，但其实入市时机并不合适，金价还是继续向下，大妈们又受教训了。

专业的黄金投资者：国内的专业机构投资者是指有参与黄金交易，或利用黄金作为投资组合一员的投资公司或基金公司。随着国内投资者对黄金的热爱，不少投资者愿意买入其他和黄金相关的产品，例如有黄金投资成分的黄金理财产品，以及近年在国内也十分受欢迎的黄金ETF。这些机构的投资者要根据手上的理财产品或投资组合的成分和金价的波动去买入，又或是对冲不同的黄金投资工具，这些来自专业机构的买卖都有助于中国黄金市场的深度和流通性。

4.2 上海黄金交易所

上海黄金交易所是经国务院批准，由中国人民银行组建，在国家工商行政管理局登记注册的黄金交易场所。交易所于 2002 年 10 月 30 日正式开业，其本身并不以营利为目的。

上海黄金交易所的组织和买卖处理与香港金银业贸易场相似，交易所实行会员制组织形式，会员由在中华人民共和国境内注册登记，从事黄金业务的金融机构，至 2016 年约有会员 182 家。交易所会员依其业务范围分为金融类会员、综合类会员和自营会员。按交易所的规定，不同类型的会员只能在批准的业务范围下提供交易服务，例如：金融类会员绝大部分都是银行单位，基本上所有规模大的银行都有参与，金融类会员可进行自营和代理业务及批准的其他业务。金融类会员通过银行的分行网络，提供的产品也较多元化。因此在交易所的成交量前十名会员名单中，金融类会员经常占据了前五、六席位置。综合类会员可进行自营和代理业务，自营会员只能进行自营业务等。在这些规定下，银行为主的金融类会员提供了较全面的交易服务，其中包括个人投资者喜爱的（T+D）黄金和白银合约的买卖。上海黄金交易所的会员结构还有一个特点，即实质参与黄金业务的会员比重很大，据交易所统计，会员单位中的金矿公司年产金量约占全国的 80%，而用金单位的会员用金量约占全国的 90%，而有冶炼能力的会员约占全国的冶炼量的 90%，这些具实质业务的会员成为了支撑上海黄金交易所买卖和结算的最雄厚力量。

除了上述国内与黄金产业相关的企业会员单位外，上海黄金交易所在近年积极发展海外的金融机构参与，邀请他们成为外资金融类的会员。外资金融类会员的出现体现了上海黄金交易所希望将国内的黄金交易与国际接轨的安排，但由于上海黄金交易产品未能全面开放给投资者和海外市场，加上中国黄金进出口有所限制，外资银行未能发展出完善的对冲活动，因此，他们要全面参与上海黄金交易所的交易还需要等待一段时间。

上海黄金交易所提供买卖的商品有：黄金、白银和铂金三种品种。因为实物结算的规定有所不同，再细分成 Au99.95、Au99.99、Au50g、Au100g 四个现货实盘交易品种。

上海黄金交易所现以电子交易系统来进行撮合交易的买卖方式，交易时间分为白天和晚上两个大交易时段，每周一至五（节假日除外）上午 9:00—11:30，下午 13:30—15:30，晚上 20:00—2:30。

2004 年 2 月 18 日起，上海黄金交易所打破原有现货交易方法，增加一种新的黄金交易品种：Au（T+5），简单说 T+5 是给买卖双方多一个弹性空间，将要进行实物结算的时间推迟到买卖的第 5 天。这种在 T+5 到期之前仍可自由买卖的黄金合约，是上海黄金交易所由实物交易转向投资性质交易的第一步。

这种增加持仓天数的交易的最大特点就是引入了保证金交易模式，因为交易完成后增加了几天的价格风险，客户在结算前不需要承担百分之百的黄金实物和资金，他们只需向交易所付出风险保证金便可先开仓后平仓或实物结算。上海黄金交易所就是用这 T+5 的黄金合约作为一个试点，开始引入了投资功能性高的黄金合约。

2004 年 8 月 16 日正式推出（T+D）这种现货延期交收的黄金合约，2007 年上海黄金交易所推出两种有期货交易“味道”的黄金金约 T+N1 和 T+N2，目的是在现货交易的市场基础上买卖远期的黄金合约。（T+N1）是指单数月份，而（T+N2）是指双数月份。因为（T+N1）和（T+N2）在合约上像期货合约一样，明确说明清算日期将会在合约到期之时，即在到期前平仓的话，持仓者是不用另行计算补偿费的。

T+5、T+N1 和 T+N2 黄金合约的推出，真正目的是希望打破上海黄金交易所只能提供实买实卖的局限，当这些合约推出后，“真命天子”的黄金交易合约才上场，它就是现时成交量和持仓量最高的黄金品种：（T+D）黄金合约。

4.3 （T+D）黄金合约

要为上海黄金交易所注入新活力，就不能仅靠实买实卖的现货交易方式，上海黄金交易所在参考了世界各地的黄金市场后，选择以接近香港金银业贸易场的九九黄金买卖模式，即在现货交易的基础上可以将买卖后的结算时间和结算责任都往后推，产生一种延期交收黄金合约：Au（T+D），下文也简称其为（T+D）。

T 日（Trade Day）在投资交易上是指做买卖的当天，可以简单说成是 T 日或 T0，有时更会刻意的说成是 T+0，就是让投资者明白这是指买卖的当天。T+2 就是指交易完成后的第二天，其含义是指结算日，因为在很多投资市场中，结算日会定在买卖后的第二天，因为很多投资交易涉及两种物品，例如两种货币，或黄金结算时要包括美元和黄金；有些结算地点是跨地域的，例如要分别在纽约和伦敦进行结算。因此把结算日定在 T+2 恰到好处。

（T+D）就是交易日 T 买卖完成后，再加上一个 D（Day 中文的意思是日子）日期来作为结算，买卖双方的结算责任必须在这一天进行清算。但（T+D）的巧妙就是只写上符号，不用写上数字。这个 D 是多少天不必在交易前就说好，买卖双方在成交后可以按本身情况平仓或要求以实金作清算。当这种结算模式确定后，反过来将这种结算日可以无限延期的黄金交易合约化、标准化就成为可以在上海黄金交易所买卖的黄金合约（T+D）了。

（T+D）其实就是一种投资性高的黄金合约，因此它是以保证金方式进行的，有杠杆效果，付出约 10% 的资金，就可以成交 100% 的投资金额，这个杠杆放大就是 10 倍。在中国投资市场推出的保证金交易途径和品种

黄金情话

世界是（T+D）的

记得我在2008年到上海给上海黄金交易所进行高级黄金交易培训，那时候上海期货交易所的黄金期货合约刚在2008年1月份推出。当时市场都在观望这种打正投资（投机）方向旗帜，以杠杆保证交易的方式，以及全面面对个人投资者的黄金期货，会不会打败正在兴起的（T+D）黄金合约呢？

在一次黄金培训开始前，我作了一段发言："中国的黄金市场是上海黄金交易所的，也是上海期货交易所的，但是归根结底，中国的黄金世界是（T+D）的。"

这不是因为我要给主人家面子，在学员面前大赞上海黄金交易所的（T+D）黄金合约。我说出这番话，是我从自己的黄金生涯中，从国际现货的伦敦黄金和香港金银业贸易场过去十分成功的99黄金的成功看，这种由原来是现货交易形式的黄金买卖，通过把结算日往后延迟，实际上等于变成了可无限期持仓的黄金合约是更有生命力的。

经过近八年的发展，上海期货交易所的成交量是不低的，但它的市场深度肯定没有（T+D）的深。上海期金只是以短线交易为主，活跃的交易月份只是近期的一两个月份，之后便因到期而被逼平仓，或是结算，市场的深度和影响力是低的。反观上海黄金交易所的（T+D）黄金合约，虽然每天的成交量比上海期金的成交量低，但这些交易后的持仓可以累计和延迟不结算，这些积聚下来的持仓就是一个黄金市场应有的深度。

另一方面，因为（T+D）黄金合约流的都是现货交易的血液，有着黄金现货的形态和特性，商业银行便能变化成黄金产品在银行的柜台交易，这令（T+D）黄金合约能走遍中华大地，就连要国际化的“上海金”也就是（T+D）的华丽变身。

正逐步增加，期货合约、延期交收交易合约或股指期货都会以保证金交易方式进行。但因为基于风险管理和投资者投资行为的考虑，国内保证金的比例都比海外市场要高。海外的黄金合约，例如伦敦交收黄金和纽约的期金交易只会收取 3% 至 5% 作为保证金。

表 2　上海黄金交易所的黄金交易品种(部分)合约规则

类别	黄金											
	实物黄金					延期交易				国际板黄金实物交易		
合约产品	Au 99.99	Au 99.95	Au 99.5	Au 100g	Au 50g	Au (T+D)	mAu (T+D)	Au (T+N1)	Au (T+N2)	iAu 99.99	iAu 99.5	iAu 100g
交易单位	100 克 / 手	1 千克 / 手	12.5 千克 / 手	100 克 / 手	50 克 / 手	1 千克 / 手	100 克 / 手	100 克 / 手	100 克 / 手	10 克 / 手	12.5 千克 / 手	100 克 / 手
最低保证金比例	100%	100%	100%	100%	100%	7%	7%	7%	7%	100%	100%	100%
涨跌停板	30%	30%	30%	30%	30%	6%	6%	6%	6%	30%	30%	30%
交易税费	实行即征即退优惠增值税政策											
交易时间	周一至周五 20 : 00 至次日 2 : 30,9 : 00–11 : 30,13 : 30–15 : 30											
交易方式	通过会员单位网点柜面、电话银行、网银、客户端等多种渠道											
手续费率	不超过万分之八											
备注	个人可参与											

较高的保证金比例不一定是这种投资工具的缺点，高的保证金比例或

许令投资者的买卖交易量减少，但从风险管理的角度和投资心理看，它可以让投资者较为谨慎和理性。结合黄金价格的波动看，金价一天出现几十美元的波动是常见的，波幅甚至高于3%至5%，所以对于个人投资者来说，付出百分之十的保证金进行黄金投资也算是合理的。

Au（T+D），是上海黄金交易所的交易合约产品。上海黄金交易所像其他交易所一样是只将产品的交易权限开放给会员和经纪公司，个人投资者要参与（T+D）交易，只能以委托人的身份，到会员公司开立一个交易账户，这些会员公司便以代理人身份，为客户执行指令，在交易所进行买卖。

4.4 （T+D）黄金投资流程

（T+D）黄金合约不像其他黄金的即期现货交易，要先将黄金或资金在交易日或之前存入，（T+D）黄金合约的结算可以在交易日后才发生。因为买卖（T+D）黄金合约的投资者只是先投入一笔资金，这笔资金初期被称为首期预付款，看来好像是先给订金，但从投资交易的角度看，这其实就是保证金的交易方式。投资者应该明白付出的保证金并不是存款，这笔保证金是有变动性的。因为保证金的金额是有规定的，如（T+D）黄金合约价格在每克300元时，一手（T+D）黄金合约的价值便是1000克 × 300元/克=300000元，如果当时规定要付出10%作为保证金，投资者便要付出30000元才可进行买卖。

客户付出30000元后，交易所还是可以因金价波幅增大，或在长假期前，从控制风险的角度去将保证金要求提高，例如提高至12%时，客户便要多付出6000元。而更大的一个变数是客户买卖后的金价波动，例如客户买入（T+D）黄金合约后，金价由每克300元下跌至280元，他在这笔交易上便会出现20000元的浮动亏损（1000克 ×20元/克=20000元）。客户需要再存入这20000元，否则当金价继续下跌时，银行会强行平仓，以确保客户的总亏损不会超过账户上的资金余额。（T+D）黄金合约并不是定额投资的黄金产品，投资者在买卖（T+D）黄金合约时，要对资金的需求和应付的能力有足够的评估和准备。

（T+D）黄金合约是双向交易的黄金产品

（T+D）黄金合约和其他实物黄金产品的另一个最大分别是它可以让投资者在没有任何黄金的情况下，也可以卖出（T+D）黄金合约，投资者称这种卖出的交易为抛空（Short Selling）交易，这种卖空的交易在投资市场上是被允许而常见的，不过银行为了将这卖空交易的投机味道减低，只称（T+D）黄金合约是一种双向产品，即客户在开始进行交易时，可按自己对金价的看法，先行买入或卖出都可以。

正因为（T+D）黄金合约可以“买空”和“卖空”，投资者在交易时不用先证明有结算能力，投资者只需按自己对金价的走势来进行“符合规定”的买空 / 卖空，只把金价的波动看成投资买卖的目的即可。当看好金价上升时买入，看淡金价向下时卖出，把（T+D）黄金合约变成一种纯投资性而不涉黄金实物的黄金投资买卖。

（T+D）黄金合约的买卖方式

（T+D）黄金交易是上海黄金交易所的产品，客户到银行开户后，银行只是一个经纪商的角色，为客户去执行交易。即使客户是透过电子交易系统来买卖，银行仍是这笔交易的代理商，客户并不是跟对手直接成交的。

（T+D）是交易所买卖形式的黄金合约，因此投资者要买入（T+D）时，并非是要求会员公司给他一个马上可成交的买卖价格。会员公司的交易软件系统可以把当时市场交易系统内的买入价和卖出价告诉投资者，例如买入价 251 元 / 克、卖出价 253 元 / 克。投资者认为价格水平可接受，希望在 253 元 / 克买入 1 公斤，这个买入动作不能马上等同成交，客户只可以通过交易平台将这买入指令输入系统内，在交易系统内撮合这一笔在 253

元/克买入和另一个已经在系统内以253元/克卖出的指令，这种交易买卖方式跟股票交易方式是类似的。

买卖（T+D）黄金合约时的持仓性质

投资者买入（T+D）黄金合约，因为不会进行结算，他只是持有了一个多仓，即买入看好的仓位；如果是看淡卖出（T+D）黄金合约，卖出后就是持有了一个空仓。

因为（T+D）黄金合约只是持仓的交易，同时因为是交易所的买卖合约，在计算持仓和保证金时，会按不同的持仓性质来计算。因此投资者在下单买卖时，也要按照上海黄金交易所的规定，按不同性质的持仓目的来询价及买卖。例如分为：买入开仓报价、卖出平仓报价、卖出开仓报价、买入平仓报价等表示新仓或平仓的报价。买入开仓报价是指买入合约以增加多头持仓的报价，卖出平仓报价是指对卖出交易以了结多头合约的报价；卖出开仓报价是指卖出合约以增加空头持仓的报价，而买入平仓报价是指买入交易以了结空头合约的报价。当不同性质的报价成交时，交易所便知道客户是在增加持仓还是减少持仓。当投资者有多个持仓，而只将部分持仓平仓时，是按照先开先平的原则处理。

当投资者在交易系统输入这一个买入指令时，交易所还要求任何买卖指令要清楚说明是开仓的新单或是在平仓的减持单，新的买入要选择“买开仓”种买入指令。假如投资者是买入来将之前所持的空仓平仓，这个买入指令要选择为“买平仓”。这种要在买卖指令中，同时申报开仓还是平仓的做法能够计算在收市时所有客户新持仓或平仓的交易情况，交易所会按这样净持仓额度来计算总持仓量和计算因这些持仓而必须缴付的保证金。

（T+D）黄金交易可以实物结算的安排

因为上海黄金交易所提供的是现货黄金的交易，所有交易都有实物结算的安排。（T+D）黄金合约不是不用结算，只是在结算安排上有延期结算的弹性，弹性就是在交易日（T 日）之后的任何一个日子（D 日）申报时便可以。这种可在任何时间申报去进行交收结算的安排，让买卖双方不用像投资期货交易时承担最后结算责任。（T+D）黄金合约的买卖方如果不愿意、不需要或不能够进行结算，交易所并没有强行结算的安排。

延期结算便要面对延期结算的补偿

投资者在买卖（T+D）黄金交易后，不是免除结算责任，只是延期结算动作，投资者的延期结算动作是有可能令需要结算的一方带来损失的，因此交易所定出一个延期结算补偿费的处理规定，让未能进行结算的一方收到这笔补偿费用，另一方则要付出这笔补偿费用。因此，投资者买卖后的持仓便需按照规定下所产生的费用和方向来收取或支付。

这笔补偿费用有可能会影响到投资者的回报，举例说，某投资者在 300 元 / 克的价位买入了 1 手（T+D）黄金合约，在这期间，延期结算的补偿费是每天按万分之二计算，方向是由多付空，这即是说该投资者的多仓每天都要付出一笔延期补偿费。一个月后他以 301 元 / 克的价格平仓卖出，买卖价格上好像有 1 元 / 克的利润,1 手（T+D）黄金合约便有 1000 元交易利润，但扣除过去一个月的补偿费（简单算法是 1000 克 ×300 元 / 克 × 万分之二 ×30 日 =1800 元）1800 元后，投资者实际上是亏损了 800 元。

4.5 （T+D）黄金的延期交收补偿费

作为一个普通的黄金投资者，假如是以保证金方式去买卖黄金，他应该明白保证金交易背后的融资关系，因为没有履行结算责任时，他是要承担因此而产生的费用；但因为黄金可以买入卖出，因此也是有可能不履行结算责任而出现收益。

黄金情话

黄金投资的合法性

国内的黄金投资者在进行黄金交易时，可进行的黄金交易都是在上海黄金交易所、上海期货交易所或银行的平台进行，怎么会有不合法的疑问呢？但这个疑问确实引起过一个法律上的争论和审判个案。

话说在 2007 年 11 月，一位客户透过上海黄金交易所的一位会员开立了黄金交易户口，进行（T+D）黄金合约的交易，客户进行了三个月的黄金交易后，121 万元资金亏损至 3.8 万元。

投资黄金本来就是有风险的，盈亏与否、成败与否只能看投资者的能力。但这位投资者在出现亏损后，却从法律观点去挑战上海黄金交易所黄金（T+D）合约的交易合法性，认为上海黄金交易所的黄金交易不是合法的，希望将亏损资金拿回来。这位投资者所持有的理据是，上海黄金交易所只是一个现货的黄金交易市场，它属下的会员公司根本没有资格去代理个人投资者的炒金业务。他更特别指出，上海黄金交易所的交易规则规定，只有金融类会员才能代理个人黄金买卖业务，他所开户的公司属综合类会员，按规定应该是不能与个人投资者开户及交易的。

上海黄金交易所在答辩时指出，虽然交易规则有上述规定，但交易所早在 2006 年 4 月已经开始对综合类会员的代理业务进行测试和试点，容许个人投资者到非金融类的会员公司开户和交易，这是根据人民银行同意后所推行和批准的试点业务。

审判的最后结果当然是这位“输打赢要”的投资者败诉，

但为避免日后因此而产生的法律责任，于是上海黄金交易所收紧了个人投资者投资黄金（T+D）合约的形式，目前个人黄金投资者只能透过金融类（银行）的会员才能进行这种投资性较高的黄金交易。

投资者持有伦敦金的持仓时，因为伦敦金是国际性的交易市场，结算时的美元利率和黄金利率也是一个全球性的指标，虽然这个费用是由不同的机构来分配给客户，但是国际现货伦敦黄金是以美元和黄金利率的高低变化来计算延期交收费用和收取方向，而其中的两个计价因素美元和黄金都是全球流通的，因此这个计价因素的市场效率很高，价格水平一致性强，每间公司、银行所报出的费用不会相差很远，这两个计价因素的息差变化相对的小，只大约在一个水平上轻微移动，银行和金商等公司都较容易评估市场和作出对冲。

但上海的（T+D）黄金合约的延期交收补偿费的产生机制相对伦敦金是在一个本地运作的平台上操作，很多时候补偿费的方向和水平还是和国际金市有差异的。

上海黄金交易所的补偿费决定方式和香港金银业贸易场每天厘定的"仓费"（延期交收补偿费）方式和原理很接近，但上海黄金交易所的厘定重点不在于费用的多少，因为交易所现有规则已经规定补偿费是每天万分之二（以合约金额计）。这个补偿费确定的重点在于定两个方向的费用收付：是由多（仓）付空（仓）？还是由空（仓）付多（仓）？补偿费的收付方向由在这段交收申报时间内占多数的持仓者来决定。

个人投资在买卖（T+D）黄金合约后，可能自知没有影响延期结算补偿费的能力，只好接受由交易所定出的费用和方向。但这个费用除了会影响投资者平仓后的盈亏计算之外，它对（T+D）黄金合约的价格表现也是有影响的，而对（T+D）黄金合约的价格与海外市场的差异大小也是有影响的，我们可作为一个市场因素去了解和明白它所能产生的作用。

补偿费的方向和影响

在国际现货黄金市场的伦敦金运作中，绝大部分时候都是多仓付息差的，因为黄金的利率一直都只有1%至2%水平，在过往一段很长时间内美元利率都处于3%以上，只是近年美元利率不断下降，与黄金的息差拉近了，当市场出现短期对黄金的需求时，黄金利率会突然抽高，甚至高于美元利率，市场才有机会出现持黄金多仓反可收取延期交收的好处。

关于上海黄金交易所的实金交收申报过程和对补偿费的规定，我们可以从《上海黄金交易所现货交易规则》的第五十三条去理解补偿费方向的决定方式。

第五十三条：延期补偿费是客户延期交收时，补偿给对方融通资金或实物所需的成本，延期补偿费的支付方向根据交货申报和收货申报的数量对比确定。

当某延期交收合约空头申报的交货量小于多头申报的收货量时，当日延期补偿费支付方向为“空付多”，清算时该合约的全部空头持仓，按一一对应的方式向全部的多头持仓支付延期补偿费。

当某延期交收合约空头申报的交货量大于多头申报的收货量时，当日延期补偿费支付方向为“多付空”，清算时该合约的全部多头持仓，按一一对应的方式向全部的空头持仓支付延期补偿费；当交货申报量等于收货申报量时，不发生延期补偿费支付。

当黄金价格处于低位时，黄金消费需求和黄金实物金的需求都会增加，每天都是申报要收金的数量比申报交金的高出很多，结果当然是补偿费用的方向由空仓给多仓。这情况在国际现货金市也曾出现，主要是因为在当时信贷信心危机下，黄金的借贷利率大幅上升，当时黄金利率甚至比美元利率还高，这才出现买入黄金后，不进行交收的持仓可以收到延期利息。当市场的信心危机慢慢消除后，黄金利率恢复正常，这个延期交收费用便恢复正常。但上海黄金交易所这种多仓收取补偿费出现的次数相对较多，在这种因素下，国内投资者在买入（T+D）黄金合约后可反过来收取多仓的补偿费，这令国内黄金价格比国际金价出现了溢价现象，并令溢价一直扩大。

4.6 黄金申报交收的博弈

《上海黄金交易所现货交易规则》的第五十三条指出影响补偿费所产生的方法，是看在申报交收时，哪一方的申报数量多，数量多的一方便可以收到这个补偿费；但这条规则并没有让投资者看到持多仓和持空仓是如何在背后博弈，这些不同性质的多头和空头，不同投资目的的投资者，在利用申报交收来决定补偿费方向的过程中是充满博弈关系和思维的。

（T+D）是一种具有投资特点的黄金交易品种，也是上海黄金交易所最活跃的产品。因为（T+D）成交量多，市场流通性高，交易效率也相应高，加上可以用保证金方式进行买卖，即使是以实金交易活动为业务的公司都会以（T+D）黄金作为对冲业务所需买入或卖出的黄金。这些公司对补偿费的方向非常关注，并希望能利用自己的资源去作出影响。

在申报实金交收时所考虑和进行的操作中，可以看到不同的目的和动作都有可能左右这个补偿费的方向，但因为当时的认交和认收数量并不公开，他们的参与和因此而产生的结果不一定如他所预期，自己的持仓、同方向的持仓、相反方的持仓者、持仓量、当天的实金结算方向和数量等都像一场多方角力的博弈，在这样的一场博弈中必须要考虑到下列几个问题：

a. 交易所的所有未平仓合约的多头持仓应该等于空头持仓，但在多仓或空仓中的组成是如何的呢？有多少持仓者会参与或有能力参与申报交收的呢？

b. 前面所描述的几个例子只是用一个简单操作来说明，市场上的持仓者当然不只三四个。事实上大部分持仓人都不参与这个申报交收“游戏”，他们大小不相同的持仓量必须按当天定出的补偿费方向来收入或付出，但每天在影响着补偿费方向的实金交收可能只是一二十公斤的小数目，这些少量的实金交收不平衡却影响着他们巨大持仓量的利益变化，他们会“坐以待毙”还是“暗自发功”呢？

c. 当某投资者持有大数量仓位时，他可以利用资金来影响申报交收，提出收金，从而令补偿费变为有利于他所持有的多仓，可以说是“以本伤人”扭曲市场，这种行为是算正常还是不正常？合理还是不合理？

上述 a 和 b 是让我们知道在决定补偿费用方向的这一“游戏”算得上是一种“博弈游戏”，多仓和空仓都没有把握控制大局，虽然每一个参与者都可以利用本身条件去影响，但目标达成后不一定能自己享受成果，他们在出招前也必须要考虑对自己的影响和别人的响应。

c 是市场上经常有的专业投资者或金融机构在寻找潜在的获利机会，但是在持仓和补偿费上发现机会时，还是要靠资本实力的。例如以交金的力量手段去令补偿费的收付偏离正轨时，对手的防御武器就是资金，筹集资金是较容易的；但假如是利用收金来令市场偏离正轨时，对方是要交出黄金才能作出抵抗，但黄金资源并非随手可得，收金方较容易取胜。

4.7 （T+D）金价的波动因素

黄金投资者看好金价上升，要进行黄金投资，可以是买入黄金实物，或是找一个和黄金实物相约的投资工具。（T+D）黄金合约是否是一个符合条件的投资工具呢？

首先（T+D）黄金合约是否等同于黄金实物？这一点基本上是等同的。

因为上海黄金交易所同时允许（T+D）进行实物交割，投资者买入（T+D）后完全可以在买卖完成后，按交易所规定交付资金和收取黄金实物，因此（T+D）黄金合约可以说等于黄金实物了。

第二点是看（T+D）合约价格的波动是否和金价走势同步？在投资效益上是否和投资黄金实物相同？（T+D）的好处是将交收日无限期往后延期，但它的目的仍是随时交收清算，买家可以随时要求交割，收取黄金，所以它其实也等同是现货黄金，它的定价可以说等于现货市场的黄金价格。在分析（T+D）的价格和海外市场的黄金价格是否同步时，所得出的答案也就是之前提到的黄金在投资价值上的几个特点：

a. 黄金价值的认受性高

虽然在黄金合约的交易细节上，不同市场、不同黄金合约种类会存在价格上的一些差异，但大家的标的物就是黄金。上海黄金交易所的（T+D）黄金合约的黄金价值和海外市场的黄金价值是相等的，价格升跌基本是相同的。

b. 黄金市场相互间的金价有参考影响

全球最活跃的黄金市场并非上海黄金交易所，金价最波动的时间也多是在欧美交易时段内，在（T+D）交易时间内同时运作的黄金市场有香港、日本和场外交易的伦敦交收黄金合约等金市；在上海黄金交易所于晚上进行的电子交易时段内并排的有伦敦和美国金市，在当前电子化的信息时代，信息流通性极高的世界，（T+D）的价格是与世界金价同步的，当金价在海外市场受某些因素影响而升跌时，国内的投资者都会以此作为入市因素进行买卖（T+D）的交易，令两者价格走势接近。

c. 黄金交易的对冲和套戥影响力

虽然中国金市还未能和世界金市直接接轨，黄金实物并非处在自由流通的平台上，不同黄金市场的黄金结算因为这些限制不一定能相通。但上海黄金交易所的银行会员，例如中国银行，其本身具备在不同黄金市场的买卖能力，因此当上海黄金市场的黄金交易价格和海外市场脱节时，他们便可以实质地操作买卖，将这个差异调整之余，为银行创造套利交易的利润。

d. 金价的国际和国内走势有差异

在金价的整体表现上，国内金价和国际金价基调应该相差不多，但走势还是会有轻微差异。从过去的表现可以总结出国内金价在跌市时，因为国内投资者的实金购买意愿较高，金价下跌会被视为是买入机会，在买盘的入市支持下，跌幅略比海外市场低；相反地，当金价上升时，国内金价的升幅度可能不完全相同。

4.8 （T+D）金价和伦敦金价的关系

将上海黄金交易所的（T+D）黄金合约价格和伦敦黄金作换算或比较时，有几个变量需要明白，这些变量包括美元兑人民币的汇价、（T+D）的延期交割补偿费的高低、伦敦金延期交割的利率差异、两个不同市场的实金需求和运输成本等。其中能以运算方式计算的变量是（T+D）的价格和伦敦交收金价在成色和重量的换算上：

假设美元兑人民币为 6.835，（T+D）金价为 260 元 / 克，那么美元金价为 38.04 美元 / 克（260 ÷ 6.835=38.04 美元），则每盎司黄金（1 公斤 =32.1507 盎司）的美元价格为：38.04 美元 × 1000 ÷ 32.1507=1183.18 美元。

很多投资者以为两者之间的换算是到此为止，认为每克人民币 260 元的（T+D）金价就是等于 1183.18 美元，假如只是拿来作价格参考，这个第一步换算出的金价是可以的。但如果涉及套利交易，要将不同市场的黄金作结算的话，以这个价格和当时的伦敦黄金作比较时，上面的换算还不完全精确，因为当涉及将来的实金交收或转移时，（T+D）的黄金实物和伦敦金作实质换算时，我们还必须要将黄金成色这一因素考虑在内。

再要进行的是将不同黄金合约的成色作换算，上面的例子首先换算成美元金价 1183.18 美元 / 盎司（T+D）的黄金，其合约规定的实金交割成色要求是 99.95%，而伦敦交收黄金的报价是以纯金 / 盎司为单位定价的，因此要将这 1183.18 美元 / 盎司金价再按 99.95% 成色换算一次，就是 1183.18 ÷ 99.95%=1183.77 美元，即是说 1 克（T+D）上海黄金因为是 99.95 的成色黄金，换算成以纯金报价的伦敦金价应该更高，纯金报价的伦敦金价是 1183.77 美元 / 盎司。

这个换算所得也可以从交易结算上来理解，若上海黄金交易所的（T+D）金价是每克 260 元人民币的话，投资者在上海黄金交易所买入了 1 公斤的金块一条，同时在伦敦卖出了 1 公斤重量的黄金。但拿这在上海买入的一公斤黄金以伦敦交收的黄金交易结算处理时，每 1 克金只得 260 × 0.9995=250.87 元，因为人家的成色要求是 100%，手中拿着的 99.95% 成色黄金当然不能以 100% 来收款。

有了这样的换算概念后，投资者应可自行在不同时候将两个不同的黄金市场的交易价格作出比较，会发现某一个市场比另一个黄金市场高，溢价或贴水价是多少？高出或低于的差价是否合理？这些参考数字都会有助于投资者分析当时的市场动力和买卖兴趣。

要将伦敦金价反过来换算成人民币金价作比较时，将金价乘以美元兑人民币汇价（例如 6.835），然后再换算重量，每盎司金换算 =31.1035 克（T+D）黄金，最后再作成色调整乘以 0.9995 即可。

1180 × 6.835 ÷ 31.1035 × 0.9995=259.18（人民币 / 克）

4.9 上海期货交易所黄金期货

上海期货交易所因为交易的品种较多，因此会员公司数目达 380 多家，期货交易所的会员公司资本要求较上海黄金交易所高，注册资本要在 3000

万元或以上。

上海期货交易所的交易运作算是相当成熟的，无论是从保证金形式的杠杆交易、清算方式和现货交割方式，还是相关的管理办法，都包含了期货交易的特点和优点，因此它更加适合一些投资需求的个人投资者。另一方面，期货公司对于期货交易中的套利活动经验较多，包袱较少，众多专业的和技术性的短线交易都喜欢在期货交易所进行。以交易成交量和增长速度来看，黄金期货的发展还是不错的，甚至成交量比上海黄金交易所的热门合约（T+D）还要多。但由于期货交易所的会员业务结构和方向与上海黄金交易所的有所不同，对黄金有实质需要或交供应背景的会员不多，虽然经过几年来的发展，上海的黄金期货交易仍未能真正对黄金市场发挥影响力，期金交易暂时还是以投资功能和套利交易为主。

上海期货交易所期金合约特点

第一，标准化的交易合约令投资者能预计买入的价格成本和利息成本。

这个特点主要是和上海黄金交易所的（T+D）黄金合约作比较时，最明显的一个差别。前面已经介绍和解析过（T+D）的延期交收补偿费的计算金额和收付方向，因为补偿费是以每天的申报交收情况而定，认交和认收黄金的局面每日不同，今天是多付空的话，买入黄金的成本每天在增加；但突然间却又可能变成是空付多，持仓的成本就可以减少。黄金现货的投资者对自己的最后成本在入市前有点难以预计。

举例说：在2月1日买入（T+D）黄金合约，假如投资者希望一直持有这个多仓4个月，至6月份才平仓，买入价格是261元/克的话，到时候金价要在哪一水平才会开始出现利润呢？这个答案受到每天在变的持仓成本所影响。

但如果投资者是以265元/克买入6月的期金合约，他的成本，不论在到期前的哪一天平仓，这个投资成本价就是265元/克。这个已知的成本价，不单令投资者知道自己的投资成本，对于专业的投资者和基金公司来说，利用已知的成本价格来进行对冲套戥和套利交易便能避免价格成本的变动风险。

第二，交易集中在少数的合约月份。

上海期金交易所的期金交易月份虽然可以多至12种，即是让投资者可以按自己的需求和不同月份的交易情况来决定交易的合约月份。但目前上海期金的交易量和未平仓合约量并不多，在某一时间内（例如上半年或下半年），活跃的交易多集中在6月期金合约和12月期金合约。

表3 上海期货交易所的黄金期货合约文本

交易品种	黄金
交易单位	1000克/手
报价单位	元(人民币)/克
最小变动价位	0.01元/克
每日价格最大波动限制	不超过上一交易日结算价 ±5%
合约交割月份	1–12月
交易时间	上午9:00—11:30,下午1:30—3:00
最后交易日	合约交割月份的15日(遇法定假日顺延)
交割日期	最后交易日后连续五个工作日
交割品级 (具体质量规定见附件)	金含量不小于99.95%的国产金锭及经交易所认可的伦敦金银市场协会(LBMA)认定的合格供货商或精炼厂生产的标准金锭
交割地点	交易所指定交割金库
最低交易保证金	合约价值的7%
交易手续费	不高于成交金额的万分之二(含风险准备金)
交割方式	实物交割
交易代码	AU
上市交易所	上海期货交易所

4.10 停板熔断制度的优劣

在上海期货交易所的期金合约细节中，可以看到一个全日最大升跌幅的限制，现时上海期金的限制是不能超过 5%，意思是当金价波动比昨天高于 5% 时，交易便暂停进行，这种限制升跌幅度，而让交易停止的做法在期货交易中称为停板制度。

上海黄金交易所的实物金结算交易虽然是“货银两讫”的方法结算，并且在买卖前要有相应的资金或黄金实物余额才能进行买卖，但上海黄金交易所仍对这种交易设立停板交易机制，当波幅超过 30% 时，交易便要停止。（T+D）黄金合约更因是以保证金形式进行交易，保证金约是在 10% 水平，因此（T+D）黄金合约的停板波幅只在 6%。

定下最大涨跌幅度，当市场价格真的波动到这个极限时，交易便暂停的制度称为停板制，有涨停板（Limit Up）和跌停板（Limit Down），对于一个交易所应否保留这种停板制度，市场一直都有两种不同看法。

赞成者认为这是一种风险管理制度，当金价出现大波动时，部分投资者不明原因，可能会盲目入市。在停板制度下，停了板便不能进行买卖，让他们有机会先作思考，清楚情况后，待市场恢复正常才入市买卖。

另一方面，期金交易和延期结算的黄金合约是以保证金方式进行买卖，如果客户只付出 10% 的保证金，万一市场出现大波动，波幅超过百分之十时，保证金不足的客户立即被强制平仓，平仓后的交易账户有可能出现负数，如果先把市场涨跌百分比定在百分之五，当价格波动超过这限定时，交易暂不能进行，会员公司相对有较多时间去要求客户补加保证金。百分之五便停板，等于给会员公司在保证差额风险上多了一个保证区域，更好管理风险。

反对的一方说，交易所的涨跌停板机制并不是好的风险管理工具，反而是增加了风险。因为市场在停板后客户就不能交易，部分客户希望在价格出现某一波幅后平仓，现时不能作交易，他们面对的损失更多、不明朗的风险更高。特别是黄金投资，黄金价格受到全球一体化的相互影响和波动，即使是不同类型的黄金合约，其价格波动因素就是金价的波动，当超过 5% 波幅而触动停板后，只是该黄金合约被暂停交易，全球性的金价还会在其他市场继续升或跌，上海期货交易所这种暂停交易的做法并不能真的先把金价固定下来，反而是因交易暂停而不能即时止损，当金价再进一步波动时，投资者所面对的风险和损失会更大。

美国纽约商品交易所在1974年推出黄金期货时设有这种停板制度，但自2006年6月后便取消了。为什么一向以风险管理严谨的美国市场可以放开这个看似能管理风险的“停板”工具呢？理由很简单，因为这种“停板”安排不但不能控制好风险，它反而是为投资者和交易所带来风险。

4.11 中国黄金市场国际化

“走出去”和“国际化”是中国金融市场的改革和发展方向，国家除了希望人民币能走出去和循序渐进成为国际货币外，也在大力推动中国黄金市场的发展。中国已经成为黄金最大的生产国和最大的消费国，理应在黄金市场的结构和黄金交易上有所谓“定价权”。

自上海黄金交易所成立和推出一系列配合市场的产品后，中国黄金市场的发展还是令人满意的，现时可以看到中国黄金市场是在走一条“国际化”的路，希望强化人民币黄金角色和价格在全球黄金市场中的地位。近年来，为了中国黄金市场国际化而做出的动作包括：

“国际板”

2013年9月18日夜市起，上海黄金交易所国际板在上海自贸区正式启动一个名为“国际板”的黄金交易合约，中国银行作为国际板首批A类会员之一，在当日开盘即成交了黄金国际板的首笔交易。上海黄金交易所的国际板推出时提供了三种黄金现货的交易合约，分别是iAu99.5，iAu99.99和iAu100g，其买卖规格是和上海黄金交易所的正常黄金现货板块相同的，不同的只是结算时的交割点是交易所指定在自贸区的交割仓库。

这个名为国际板的黄金交易合约也容许国内的会员和国内客户参与买

卖，虽然经国内途径交易的国际板黄金合约不能办理入库业务，但具有进出口资格的会员除外。因为国内投资者可以参与其中，这样才能将国际板和中国黄金市场连接起来。

这个上海黄金交易所之所以在上海自贸区推出国际板的黄金交易，是希望借助上海自贸区相关的优惠政策，特别是外汇的自由贸易结算的安排，相当于人民币自由兑换和流通。国际板的交易对象是海外的黄金投资者和交易商，他们参与这种以人民币报价和结算的国际板黄金合约后，可以利用自贸区的银行资金进出中国，也可以利用在自贸区的黄金库存进行跨境的实物金流动和结算，基本等于是与世界黄金市场接轨了，中国黄金市场和世界黄金市场便能产生相互的价格关系和对冲互动，中国黄金市场也就能变成世界黄金市场的一部分。

“上海金”定盘

2016 年上海黄金交易所推出一个类似伦敦黄金定盘的定盘交易，称之为“上海金”，也就是以上海为黄金结算地点的现货黄金定价机制。第一个上海黄金定盘在 2016 年 4 月 19 日举行，第一个上海黄金定盘价是 256.92 元人民币 / 克。

上海黄金定盘在上海黄金交易所的交易平台上进行，每天像伦敦黄金定盘一样分两次在上午和下午的特定时间进行。这种“上海金”定价交易以原来上海黄金交易所的主要交易品种 1 公斤、成色不低于 99.99% 的标准金锭为主。每次定盘进行时，参与的交易所会员在交易平台上通过多轮次的“以价询量”集中交易方式，当达到量价相对平衡时，便以该价格作为当次的上海黄金定盘价。

能够透过上海黄金交易所参与“上海金”定盘交易的第一批定价成员有十二家，参与定盘交易不在于直接参与的成员有多少，重点反而是这些成员背后会有多大的客户群体去参与买卖。上海黄金定盘的推出是要强化中国在黄金市场的角色和定价能力，有了一个有市场公信力和认受性高的中国主导黄金价格，更有利于中国黄金市场的发展，以及让黄金衍生产品以人民币定价的指标性结算价格，能加快和丰富多种黄金相关的投资工具的出现。

建立市场联盟及交易机制

2015 年 7 月 10 日，上海黄金交易所和香港金银业贸易场联合推出一个名为“黄金沪港通”的交易联盟。“黄金沪港通”的概念就和上海证券交易所和香港交易所在 2014 年 11 月 17 日开始推出的股票沪港通相同，即容许两地不同的投资者在这个机制安排之下，透过自己当地的经纪公司便能买卖对方股票市场的股票。

“黄金沪港通”的安排是上海黄金交易所通过开放合作，引入香港金银业贸易场作为第一家交易所类机构的特殊会员。香港的投资者只要成为金银业贸易场的行员，之后就是透过金银业贸易场来执行买卖。同一道理，国内投资者理应可以透过相同的机制去买卖香港金银业贸易场的合约产品。但这个黄金沪港通推出后，市场和投资者反应并不热烈，一方面是缺乏行员推动和香港投资者参与的兴趣不大，另一方面是香港金银业贸易场能提供的交易并不活跃，这个“黄金沪港通”暂时只是一种联盟策略。

上海黄金交易所在 2016 年 3 月 23 日与香港交易所签署了一项合作备忘录，这又是上海黄金交易所推行的联盟策略的进一步。上海黄金交易所和香港交易所在合作备忘中只是列出策略性的合作目标，因为香港交易所在 2015 年 5 月 27 日停止了之前的黄金期货合约买卖后，新的黄金交易品种还未面世，此次签署只是为日后的产品与合作走出的第一步。

4.12 给中国黄金市场的情书

在现今的电子资讯世界，年轻人之间的沟通都会通过电脑、电话、微信等电子社交媒体进行，相信绝大部分人都不会拿起笔来写信，更不用说要给爱人写封情信。

2010 年 7 月 22 日，由中国人民银行、发展和改革委、工业和信息化部、财政部、税务总局和证监会六大部委发出了一份名为《关于促进黄金市场发展的若干意见》的文件，文件抄送了国内所有和黄金市场有关的金融机构。这份文件虽然只称为意见，它实质上是关乎中国黄金市场未来发展的重量级文件。我阅读时，心情就像收到女友的一封信件，看到她细说黄金的未来，我阅后便迫不及待给她回了封信。

让我们先看看这份《关于促进黄金市场发展的若干意见》（以下简称《意见》）摘录后的精髓：

一、充分认识促进黄金市场健康发展的重要意义

黄金产业的发展，既有利于提高我国黄金产业竞争力，也有利于带动其他矿产资源的发展。品种丰富的黄金市场，有利于拓宽投资渠道，满足投资者多样化的投资需求，帮助投资者合理配置资产，提高投资收益，保障资产安全。

二、进一步明确黄金市场的发展定位

上海黄金交易所要尽快明确未来发展方向和市场定位，要加强和改善交易、黄金和资金清算、合格金锭认证、黄金仓储及运输服务。上海期货交易所要充分利用期货市场价格发现和管理风险的功能，支持黄金企业积极参与和利用期货市场进行套期保值，积极引导金融机构运用黄金期货管理风险。

商业银行要围绕黄金开采、生产加工和销售等整个产业链条，切实创新金融产品，努力提高服务成效。开展实物金销售、黄金租赁、黄金远期和黄金期权等业务，丰富市场品种，满足企业融资需求和规避风险的需要。鼓励和引导商业银行开展人民币报价的黄金衍生品交易。

三、切实加强黄金市场服务体系建设

加强黄金市场系统建设。上海黄金交易所要进一步加强交易系统建设，

加大创新力度，完善黄金市场体系。丰富市场交易模式，引入做市商制度，提高黄金市场流动性。进一步完善我国黄金市场合格金锭申请、认定、鉴定和检查制度，提高我国黄金市场认定体系的影响力，推动建立我国黄金市场标准认证体系。

完善黄金市场仓储运输体系。考虑我国黄金生产和消费实际及黄金市场发展等因素，合理布局黄金交割库。完善黄金市场清算服务体系，向市场提供更便捷的黄金账户和黄金实物清算服务，研究推动多种黄金账户服务。完善黄金市场资金清算服务。

四、完善黄金市场法律法规和相关政策支持体系

推动出台《黄金市场管理条例》。落实黄金市场相关税收政策。对上海黄金交易所和上海期货交易所黄金的税收政策继续按现行规定执行。研究推动完善投资性黄金和商业银行黄金业务税收政策。

切实做好黄金市场融资服务。要重点支持大型黄金集团的发展和实施“走出去”战略，切实做好支持大型黄金集团“走出去”的相关金融服务工作。对黄金加工企业和零售企业遇到的信贷问题，银行要结合实际情况，认真研究，提出具体的解决办法。

完善外汇政策。进一步完善当前黄金市场外汇管理政策。为鼓励引导商业银行开展人民币报价的黄金衍生品交易，允许开展黄金衍生品人民币报价的商业银行，在没有真实贸易背景下，在境外对冲境内黄金交易头寸，并研究将开展黄金衍生品人民币报价交易所涉汇率敞口头寸纳入结售汇综合头寸进行境内平补的可行性。

推动黄金市场对外开放。稳步增加上海黄金交易所外资类会员数量。研究推动允许境外合格金锭提供商向上海黄金交易所提供合格金锭。研究推动境外机构参与上海黄金交易所进行交易。

五、切实防范黄金市场风险

商业银行要加大风险控制力度。要制订相关业务规划，保证合规开展业务。要加强相关系统建设，切实保障交易安全。

中介机构要加强自律性管理。上海黄金交易所和上海期货交易所要结合产品上线和系统建设等情况，完善交易、交割、清算和黄金账户服务等制度，保证各项服务的安全性。

六、切实保护投资者利益

加强对投资者的教育，培育成熟的黄金市场投资群体。加大对黄金市场从业人员的培训力度。规范黄金市场参与者行为，严禁参与地下炒金活动。对参与地下炒金活动的市场主体，相关部门应予以严惩，并将相关信息录入征信系统。

当这份《意见》出台后，我特意写了两篇题为“中国黄金市场的发展和定位”的文章给中国人才研究会金融人才专业委员会，并在他们的月刊上发表。我把这两篇近7000字的文章辑录成如下的一封回应的情信：

《意见》第一点：充分认识促进黄金市场健康发展的重要意义。

这一点明确认同了黄金市场在中国金融市场和黄金产业中的地位和所发挥的作用，提出大力发展黄金市场，希望形成一个与其他金融市场互补协调发展的局面。这第一点《意见》只是一个纲领，并没有作出任何的具体指示。

《意见》第二点：进一步明确黄金市场的发展定位。

内文中提到要加大沟通协调力度，建立上海黄金交易所和上海期货交易所合作协调机制……但要他们协调其实是谈何容易。上海黄金交易所是在2002年10月开始交易，上海期货交易所的期金交易是从2008年1月才开始。从成交量计，上海期货交易所的期金交易因为即市的交易兴趣较大，买卖较多，总成交量比上海黄金交易所的略高。在对市场和投资者的影响力上，黄金首饰和银行销售的实物金大多以上海黄金交易所的金价作定价参考，因此上海黄金交易所的地位是较高的。上海期货交易所相对地缺乏黄金实物的交易和清算功能，交易后实际产生的黄金实物结算比例十分低，这对一个交易所的发展来说将会是一个隐藏和致命的打击。

《意见》内对商业银行的业务提出较为具体的指引，提出要商业银行围绕黄金开采、生产加工和销售等整个产业链条，切实创新产品，并明确列出这些产品包括：实物金销售、黄金租赁、黄金远期、黄金期权及人民币报价的黄金衍生品交易等业务。

《意见》第三点：切实加强黄金市场服务体系建设。

这一点是从黄金市场的基础设施、体制、金锭标准认证和清算服务等多方面提出完善的要求，对上海黄金交易所具体提出了要进一步加强交易系统建设、丰富市场交易模式、引入做市商制度、提高黄金市场流动性。其中引入做市商这种意见较为特别，尤其是它只针对上海黄金交易所。

一个交易所如果有做市商的制度，让投资者和其他交易商随时能够查询到最新的买卖价格以及进行成交量，这无疑是增加市场流动性的方法。如果上海黄金交易所甚至整个中国黄金市场还只是一个封闭式的交易平台，做市商不能拥有海外对冲和结算的能力和权力，做市商在提供市场价格和交易的同时，换来的不是盈利机会，而是交易风险。

《意见》第四点，完善黄金市场法律法规和相关政策支持体系。

提出对上海黄金交易所和上海期货交易所黄金的税收政策继续按现行规定执行，研究推动完善投资性黄金和商业银行黄金业务税收政策。按现时中国的税务相关规定，对黄金交易所产生的买卖和利润应该如何课税存有“说不清”的情况。如果这些买卖都要按黄金价值来计算税项的话，将会妨碍黄金市场的发展。

提出了几点直接对商业银行在黄金业务发展上的具体指标，要求商业银行进一步发展黄金租借市场和扩大授信额度，支持大型黄金集团的发展和实施“走出去”战略。

提出引导商业银行开展人民币报价的黄金衍生品交易，提出允许开展黄金衍生品人民币报价的商业银行，在没有真实贸易背景下，在境外对冲境内黄金交易头寸，并研究将开展黄金衍生品人民币报价交易所涉汇率敞口头寸纳入结售汇综合头寸进行境内平补的可行性。

第四点《意见》最后的一句话是：研究推动境外机构参与上海黄金交易所进行交易，因为用词只是“研究”，相信在国内的商业银行未成功走出去之前，境外机构要大张旗鼓“走进来”是不可能的，但在交易所的交易机构上，还是会加快引入拥有交易能力但难以在国内开展实质业务的境外机构。

《意见》第五点：在防范黄金市场的业务上要注意风险和防范风险。

《意见》第六点：要切实保护投资者利益，明文提出“规范黄金市场参与者行为，严禁参与地下炒金活动”。

希望从这两封“寄不出、收不到”的黄金情信内，让大家看到中国黄金市场的发展方向。

第五章
黄金投资工具

“旧时王谢堂前燕，飞入寻常百姓家。”黄金自从在20世纪70年代初期从金本位制的王朝退下来后，真的是进入寻常百姓家，变成一般投资者所爱好的投资工具。

黄金投资的成败虽然只是反映在黄金价格的高低上，但黄金是可以借助不同形式、载体和表现来化身成独特的投资工具。这些黄金投资工具有的是我们天天碰到，每时每刻戴在手上的金饰；也有既可收藏，亦能获利于黄金价格上升的金币投资。这些黄金投资所涉及的金额只是数百元，是每位投资者都能负担的资金，并且可以说是一种风险相当小的投资工具。

当然，黄金也有她的激情一面，她也可以衍生出杠杆形式的交易，例如黄金期货和以保证金形式买卖的黄金现货合约，更甚者，也有以小搏大，四两拨千斤形式的黄金期权交易。

这个章节列出的都是投资者能够接触，并且可以参与的黄金投资工具。这世界没有一种人见人爱的黄金投资工具，正所谓“情人眼里出西施”，每一个投资者都会有自己喜爱的黄金投资工具。要赢得美人归，就要对每一种黄金投资工具都有所认识，明白其投资原理和价格波动的原因，自然能够掌握黄金投资工具的特性和窍门。

5.1 黄金金饰投资

黄金饰物除了作为装饰外，还可以是一种投资工具。以一个从未接触金融投资的个人来说，黄金金饰可能就是他们的第一个投资项目。虽然黄金金饰看来像其他高级的消费品一样，很多购买者只是从装饰性和虚荣心出发，但这批人心中经常也在盘算：什么时候买黄金首饰价格最便宜？首饰金价未来的走势怎样？我买入的金价合理吗？这些问题不就是最简单的投资动机和分析思考吗？

金饰的定价有两种方式，一种是固定价格，一个是浮动价格。固定价格的多是一些时尚款或商标性的金饰，所谓固定价格是指有一个相对长的时间内（例如一二周或一个月），这些金饰的售价都是固定不变,500 元就是 500 元,1000 元就是 1000 元，不管金价有无波动。另一种浮动价格则是金店会根据黄金价格每天的变化而变化。

从投资角度去考虑，我们应该买入浮动价格的金饰，因为这些金饰用每天的金价按其含金量计算售价，这就让金饰的价格和每天有变化的黄金价格挂钩，一方面因价格和金价同步，金饰的投资特性才能显示；另一方面，也让这些金饰的售价更为合理。试想想，为什么固定金价的金饰可以忽视金价的波动？金店不会做亏本生意的，他们能接受这些固定价格的金饰不调价，是因为这些金饰的售价已经包括了一笔相对前者较大的利润空间，例如这个售价有 20% 的利润，即是说哪怕金价今天比昨天上升 5%，这些金饰也不用改变售价。如果金价在 2 天后反过来下跌了 5%，你可以趁低吸纳，但你买入的价格还是跟二三天前一样，你并没有受惠于金价的回落。

客户若要到金饰店购买浮动价格的金饰，例如买入一条金项链，首先看到每条金项链都附上一个小牌，牌上所印出的数字并不是售价，它只标上重量，例如 10 克，想要知道这条项链卖什么价格，需将重量 × 饰金售价 = 卖价,10 克 ×350 元 / 克 =3500 元。

除了以含金量和黄金重量计算的饰金售价外，金饰店还会收取一些名为“加工”或“店佣”的费用，这些收费虽然会按不同的金饰种类和制造难度来决定多少，但说白了只不过是金店要赚取的另一个利润，而这些费用会和金价计算分开。香港的金饰店一直都是用这种“价费分离”的黄金售价计算方式。

目前国内的金饰销售也采用了价费分离，就是金饰同样只列出重量，售卖时按当天的饰金价卖出。但国内的金饰销售并没有统一起来，每间店只根据同行的对手，本身的黄金首饰品牌和金价走势等因素定出当天的饰金售价，目前这个售价约为黄金价格（以上海黄金交易所价格作参考）再大概加上每克 60 ~ 70 元，例如黄金交易在上海黄金交易所是 260 元 / 克，饰金店的卖出价会是 330 元 / 克左右的水平。

因为金饰的卖出价是 330 元 / 克，回购价大都只等于交易所的黄金现货交易价，就是 260 元 / 克。因为金店不能把买回来的金饰再出售，金店只能以买入原材料的价格，买入之后再生产出金饰。即使不扣除其他费用，投资者等于在 260 元 /330 元这个买卖差价中进行投资。若要让金饰的投资者有一元的利润，即要金店的买入价由 260 元攀升至 331 元后，投资者才会有 1 元 / 克的利润。这就要令金价有近 27% 的升幅了。

因此不应夸大黄金首饰在投资角色上的作用，黄金首饰只是将黄金的特点和优点包含在内的一种商品，用它来送给心仪的对象，得益可能更大。

5.2　金粒及金条买卖

1999 年 12 月 18 日，随着千禧年的到来，中国首次面向社会大众，公开发售 1.5 吨的千禧金条。从这次金条的销售开始，国内才正式放宽人民自由购买金粒和金条等黄金实物产品，这才使一般的投资者有机会参与黄金实物的投资。我们可以将这些金粒和金条的投资品种分为两大类，一是有收藏和特定价值的金条，一是投资功能较大的金条。

黄金情话

香港的金饰牌价

内地居民每当到香港旅游时，都喜欢到香港的金店购买黄金首饰，因为香港黄金首饰给消费者的感觉是金饰设计款式好，黄金成色有保证，饰金价格还比内地的便宜。

到店后，客人先选择好喜爱的金饰，抬头看看当天的饰金价格，再按金饰的重量一算，加上一个定额手工费后，便知道手中金饰的售价是多少。

这个抬头一看的饰金价格，现时大多是以电子数字灯的形式显示，这个饰金价在行内人或年长的人都称为牌价。这是因为在未有电子显示灯箱以前，饰金价是以活动的数字小牌来显示，小牌上是不同的数字。因为每天饰金价是变动的，职员在收到饰金价的通知后，将合适的数字牌组合成当天的饰金价，业界便称之为牌价。

为避免恶性竞争，香港的金饰店原来都采用统一的饰金价，而负责定出这个饰金牌价的是香港珠石玉器金银首饰业商会。这个商会每天早上根据黄金价格的变化，定出一个统一的饰金价格。但自 2015 年 12 月 14 日起，香港实施了《竞争条例》禁止统一定价，香港的金饰店便各自定出自己的饰金售价，各店的售价便只是大概相同。

现时香港的金饰售价和内地的已经差不多，但内地居民到香港旅游时，还是喜欢到香港金店买入金饰，因为香港的金饰款式多，有很多优美和独特的设计，并且在黄金成色和产品质量上都有保证。

拥有收藏价值的金条，其收藏价值就是这块金条你买了回家，把它收藏起来，一段长时间后，当市场突然因为某些因素而有很多收藏家在找这东西，那么一下子这块金条的价值可能从一万元跃升上二万元。这个客观的升值要等多长时间？不知道！这个升幅能有多大？不知道！收藏品市场就是这样令人摸不着头脑，这种收藏价值在邮票、绘画和艺术品中最常见。

一些有特定价值的金条因为它的推出包含某一特定目的和意义，从而在售价上定价较高，同时在首次发售中可能十分抢手。这方面最好的例子就是2008年北京奥运会相关的金条产品，或每年生肖系列的黄金产品，这些金条一般会有限定的铸造量和额外的生产成本，因此它发售时的价格都会比一般金条高。客户买入这些有特定价值的金条，是因为它们有特殊的价值，但当购买者将来要把这些金条卖出去的时候，除了能拿到含金量的价值之外，之前付出的饰金溢价不一定能保持或取回。

要减低黄金实物投资的投资成本，最简单方法就是要寻找细小的买卖差价，但买卖差价的多少对经营者来说，除了是利润因素外，也是价格风险的因素。要减低价格风险，可以做到的是从产品的标准化着手，如果投资者买卖的黄金实物都是标准化的产品，经营者便能在市场进行对冲和交易，风险减低后，买卖差价便可减少了，具投资性的中国黄金实物投资交易便是在这种市场背景下产生的。

目前可以作为投资工具的金条多是由银行提供买卖，这些金条大多以克为单位，一般多有50克、100克、200克和500克等，黄金含金量大都是99.99%。因为这些具投资功能的金条的加工成本相对来说不高，因此附加值的变化也不会很大。这些金条的卖出价大多是以上海黄金交易所的市场价格加上一个固定的差价，这个差价可以理解为成本和利润，刚开始时，这笔附加费用是在每克10元至20元（人民币），现时已减低至10元以下。举例说，当上海黄金交易所的99.99品种黄金合约市价是250元/克时，银行卖出的实物金条价格是以此金价为基础再加上8元，就是258元/克。以这个价格计，投资者在买入黄金实物时，等于每克多付了8元作为加工费和交易费，比例约是 3.2%。另一方面，当黄金价格为 250 元 / 克时，银行的实物金条买入价会比当时的金价减去一个回购成本，例如 2 元 / 克，即是说银行当时的实物金条买卖价格是：

金条买入价格：248 元 / 克

金条卖出价格：258 元 / 克

这样看来，银行的实物金条买卖差价是 10 元 / 克，投资者以 258 元 / 克的价格买入后，金价必须有 10 元 / 克以上的升幅才能产生利润，这个成本比例就约为 3.9%，即是黄金价格要有 3.9% 以上的升幅，才能为投资者带来利润。

实物金条的投资优点除了可以让价格跟随黄金价格而升跌，同时也让投资者手上持有黄金实物，感觉上是拥有了黄金这种珍贵的资产。但在手上持有黄金实物资产的同时，投资者也是需要付出代价的，就是实金的成本和金条溢价。另一方面，因为投资者手上持有的是黄金实物，当他要卖出时，他所交付出的金条不像钞票一样，让银行职员很容易能分辨出真伪；加上回收金条后的处理并不简单，因此在实物金条推出时，银行并没有提供全覆盖的回购服务，实物金条的投资者可能要面对买金容易、卖金难的局面。

5.3 金币投资

在金币投资这个章节中所说的金币并非指收藏性的金币，如奥运金币和生肖金币。我们主要是从投资角度，介绍可以作为黄金投资理财工具的金币投资交易。

我们先去认识国际黄金市场上较受欢迎的投资性金币，首先要提的是南非的富格林金币，因为它曾经垄断金币市场一段时间，令当年的富格林金币一度成为最受投资者欢迎的投资工具之一。

黄金情话

真金不怕红炉火

“真金不怕红炉火”这句俗语是正确的，说明黄金的价值是永恒的，即使经过烈火的煅烧，也能保有价值。黄金的熔点约是在1064℃，当温度超过这个熔点时，黄金便会熔化成液态，但是黄金是烧不掉的，冷却后仍是以黄金的形态存在。

回想我在银行工作的日子，虽然是办公室职员，但却兼任了很多人都想象不到的一份工作，亲手加工制造出一粒一粒重一两的99金粒和9999金粒，亲身体验真金不怕红炉火的过程。

每次到工场的前一天，我首先要将一条条从别家黄金提炼公司所得的99成色或9999成色的金条拿到银行的地库。那里有一台切金机，我要将这些长约10厘米至15厘米的金条斩成小块和小粒。然后利用小天平，经几次的配搭和加减，称出刚好是一两重量的金材料。站了一个早上后，大约能弄好100个一两金粒的分量。

在银行饭堂里的小工场设备很简单，是一个用耐火砖砌成的炉头。点燃煤气后，开动一部鼓风机，本来轻飘飘的煤气火焰迅速变成一柱火柱，黄金材料被这火柱燃烧不到一分钟便熔化成液体，我将这黄金液体小心倒在铸模上，再以纯熟的手势来一个叫“开面”的收火动作，待黄金液体冷却成一个完整的圆形金粒时，便可从模具中倒出来。

铸造100个一两的金粒大约要花两小时，我们的装备就只是一副太阳眼镜，以此来隔阻高温火焰的刺眼火光。工场温度很高，每次完工后都满头大汗，要在工场洗个冷水澡才能返回银行。回银行后，还要把铸造好的金粒一一“覆称”，看铸造的金粒重量是否足够，不合格的金粒要重新铸造，合格的会在金粒表面上手工打上“99成色”和“宝生”的印记。

经过二三年的锻炼，我总算是掌握到这门手艺，为我的黄金生涯增添了一份奇特而罕见的工作经验。

南非曾是全球最大的黄金生产国，1967年开始推出名为“富格林”（Krugerrand，Rand是南非货币的名称）金币，它由南非官方所铸造，并成为南非的法定货币。因为它的推出是标准化了黄金金币，现时全球的主要金币都是以一盎司（纯金）为基本的重量。这种以黄金实物形态进行的黄金投资很受欢迎，大大减低投资者的投资成本。因为市场流通性良好，在市场竞争下，20世纪80年代，富格林金币在香港的买卖差价只是每盎司的20港元，以当时的金价水平算，买卖差价的交易成本只是0.5%左右。

1984年南非因受到经济制裁，欧美国家禁止输入南非金币，南非富格林金币的地位被其他新推出的金币所取代。现时全球较受欢迎的金币包括：加拿大的枫叶金币、澳洲的鸿运金币、美国的鹰扬金币及中国的熊猫金币。

这些受投资者欢迎的投资性金币因为铸造上的实质考虑，金币的黄金成色各不相同，但每个金币都包含了一盎司的纯金成分。

表4　金币种类黄金成色

中国熊猫金币	99.9%
加拿大枫叶金币	99.99%
澳洲鸿运金币	99.99%
美国鹰扬金币	22K（91.67%）
南非富格林金币	22K（91.67%）

中国的熊猫金币自推出后很受投资者所欢迎，除了是因为以熊猫作为图案外，熊猫金币有两个特点，一是每年所铸造的熊猫金币除了有年份区别外，每年的熊猫图案都不同，这令熊猫金币多添一种收藏价值；第二个特点是熊猫金币每年的铸造量都有所不同，这视当年的需求，因此当有收藏者要收集一整套熊猫金币时，某些年份的熊猫金币便会因铸造量低而令价格比其他年份的高。举例说第一枚在1982年铸造的熊猫金币，除了是第一枚的熊猫金币外，当年的铸造量只有13532枚，不及最高铸造量近15万盎司的十分之一，因此现时的收藏价值大大高于含金量，一个1982年的熊猫金币会叫价在30000港元以上。

现时国内投资者只能通过商业银行在国内购买熊猫金币，买卖也并不是一个常设的服务，这便令熊猫金币不能作为短线的黄金投资，但相信假以时日，熊猫金币必定能像其他欧美国家的主流金币一样受欢迎和流通。

5.4 金币互换交易（Gold Coin Swap）

银行提供金币买卖时报出的买入价和卖出价是按黄金市价而计算出来的，这些价格就像外币价格一样，随时有波动和变化。银行要参考黄金的市场价格后计算和定立对冲策略。

银行在计算金币价格时，第一计价因素就是黄金价格，而第二个要考虑的是金币的铸造成本。金币的出售价格当然比国际黄金现货的价格高，可以简单的理解为国际金价是原材料，买入原材料，要加工和处理才能铸造出金币，金币的最基本价格就是：金价 + 加工铸造成本。这个加工铸造成本一般是以一个百分比的关系按金价收取，国际的主流金币的铸造加工费约是3% ~ 3.5%。

当银行卖出了金币，银行并不能简单从铸造公司买回同等数量的金币。铸币公司只是以一个加工的方式来赚取他们的利润，就像原料加工一样，由银行提供黄金，之后铸币公司加工成金币，交货时收取加工费。因此银

黄金情话

国庆金币的热与冷

现时中国投资者对熊猫金币十分熟悉，但担当起中国金币市场先锋的却是另有其“币”。这是在1979年发行的“中华人民共和国成立三十周年纪念金币”，好长的一个名字，当时被简称为国庆金币。

这是新中国成立后第一套发行的贵金属金币，发行量为7000套。一套有四枚，各重四分之一盎司，当时的金币成色只是91.6%，因为它是正式的法定货币，每枚金币的面值是400元人民币，我还记得当时的售价应该是7800港元一套。

由于这是新中国成立后的第一套金币，金币发行的消息传出后，市场反应热烈，在未正式发售时，已传出有人愿意出价10000至15000元来收购。为了应付预期的热烈反应，银行在正式发售当天，以申请表代替即场发售，当时排队领申请表的人都将银行附近街道挤得满满的。

但银行正式发售后，二手市场的价格在短短的一周左右时间便由高至10000港元的收购价，下跌回发行价7800港元。当黄金价格由1980年1月初的历史高位每盎司850美元大幅回落后，部分投资者更不惜割价求售，听说市场最低的出让价曾低至6000港元。

国庆金币从热到冷的速度会这样快，应该是在销售安排上和投资者心理改变上出了问题。当时银行为了控制秩序，也不刻意去制造超额认购的气氛，因此在申报表的派发数量上只是比实际发售的数量略多。一些只为了增加中签机会而多填表的投资者被通知大部分都能认购时，投资者误解为供应增加，便急于抛售手上的金币，导致国庆金币的热潮在短短几个月便完全冷却下来。

行在对冲金币业务时，也只是以伦敦金现货作为对冲对象，之后才会通过一种金币的互换交易（Gold Coin Swap）来取得金币。

举例说，无论是银行希望取得第一批金币或以买入的黄金换来继续可供销售的金币，进行这种金币互换交易时，若银行希望拿到1000盎司的金币，做法是先与铸造公司同意一个金币的溢价，例如3.5%。银行再以交易的方式一买一卖来达到目的，3.5%的溢价是在交易价格上反映出来的，这一套互换交易分别是：

a. 银行卖出1000盎司伦敦现货黄金，价格是1500美元（以交易当时的金价水平计）；

b. 银行向铸币公司买入1000盎司金币，价格是1552.50美元（1500美元+1500×3.5%）

在结算日，铸币公司要交收1000盎司金币，银行要交出1000盎司伦敦现实金和额外3.5%的资金。

假如金价处于高位，金币的回吐会增加，但同一道理，金币铸造公司不会直接回购已卖出的金币。这时候银行除了在黄金市场卖出对冲外，也会在报出金币买卖价格时把加工费的比率调低，借以加大边际利润的空间。银行买入的金币可以等待日后之用，但假如要增加流通性或需要套现时，并不会也不能找到一个交易对手来直接买入金币。银行同样会利用金币互换的交易形式来处理，因为这种金币互换是一种国际市场存在和流通的交易方式，银行可以向其他金商或银行查询和进行交易。

5.5 结算地点互换交易（Location Swap）

金币互换交易是黄金业务中的其中一种互换交易，这里再介绍另一种黄金业务中会出现的互换交易：结算地点的互换交易（Location Swap）。介绍这些互换交易是让投资者看到市场上的运作方式，明白某些市场因素出现后，市场会有什么调整机制和活动，了解这些因素的发展以及其会对金价产生怎样的影响。

当银行或投资公司进行不同品种的黄金交易和买卖时，他们会有机会在不同的结算地方进行黄金交割清算。除了伦敦作为黄金交收结算中心外，全世界还有几个城市也有进行黄金的清算活动，例如瑞士的苏黎世，澳洲的柏斯，甚至在中国的香港。

举例说，澳洲有一金矿公司在澳洲交易时间内和银行做了一笔黄金交易，以 1000 美元卖出 2000 盎司黄金。因为公司的黄金库存是在澳洲柏斯市某银行内，因此这是一笔以柏斯为交收地的黄金交易（Loco Perth），应该是在 T+2 当天在柏斯存入黄金到该交易银行后便可在当天收到美元。

可是，这家澳洲公司发觉原来是计算有误，在柏斯可以进行交割的黄金只有 200 盎司而不是 2000 盎司，在 T+2 当天不能交付 2000 盎司了，怎样办？金矿公司在伦敦的黄金账户是存有 5000 盎司黄金的，可是要从伦敦把黄金运到柏斯也不可能在短短几小时内做得到，该金矿公司怎样才能完成这个现货交割呢？

该公司可以利用黄金结算地点的互换交易来帮助他们处理，做个交割地点上的互换交易是很简单的，就是在两个不同的黄金结算地点上调换一下就可以。但真正调换的不是交割地点，真正调换的是交割清算的责任。金矿公司原来要履行的是在柏斯交出黄金的责任，现在金矿公司把这个责任调换给银行，由银行来履行，金矿公司因此而产生的责任是在伦敦交收

2000盎司黄金，因为金矿公司在伦敦存有黄金，所以为此而付出交割责任是没有问题的。

互换交易必须以买卖交易的方式来入账并以此进行清算，所以在这时，金矿公司会产生两笔交易：

a. 金矿公司向银行买入2000盎司柏斯交收的黄金，价格为每盎司1520.10美元；

b. 金矿公司向银行卖出2000盎司伦敦交收的黄金，价格为每盎司1521美元。

当这两笔交易完成后，在交割地点上等于是由伦敦交收代替了在柏斯交收。单从这两笔一买一卖的交易看，交易价格的价差是一个0.90美元的溢价，这0.90美元是以伦敦黄金换取柏斯黄金的溢价。这只是市场的溢价水平，不能以为是金矿公司的利润，表面上像是让金矿公司反而有0.90美元的利润，但是国际金价是以伦敦当地交收为标准的，在澳洲生产的黄金要运到伦敦来交收，伦敦黄金比柏斯黄金的溢价也就是运输成本（运费、保险和时间），上述例子为方便计算，只简单说成是1美元。金矿公司把理应有1美元的溢价的伦敦黄金换取成为反映0.90美元溢价的互换交易上，实际上是等于付出0.10美元的成本来达到自己的目的。

在国际市场上，这种互换交易对于银行来说是可以作为一种黄金业务来经营的，因为银行面对不同客户，进行不同类型的对冲，银行在世界各主要黄金结算中心都存有黄金。任何人跟银行查询柏斯和伦敦两地的互换交易，银行可以报出一个0.90/1.10美元的互换交易价，就是像金矿公司这样要买入柏斯黄金卖出伦敦黄金的话，银行给与0.90（溢价）反映在交易上；相反的，金矿公司希望在伦敦拿到黄金，并交出柏斯黄金，银行就要收取1.10（溢价）了。如果银行要处理的成本是1美元的话，无论是哪一个方向的互换交易，银行都可以有0.10美元的利润，如果互换交易能吸引不同需要的客户参与，银行甚至能赚取整个 0.20 美元的差价了。

5.6 金银比率（Gold/Silver Ratio）

前面的章节已经提到金和白银都是名门闺秀，同属于贵金属家族的成员，但基于两者的特质、供求关系和数量，金和白银的价格是天南地北的不相同。因为金和银无论是金属特性还是在金融角色上都很接近，两者的走势大方向基本是相同的，但在两者的价格变动上并没有一个固定的比率。在金银投资市场，我们会用 1 盎司黄金能兑换多少盎司白银来计算出一个叫金银比率（Gold/Silver Ratio）的数字。例如金价在 1280 美元，银价在 17 美元时，得出的金银比率约是 1:75。因为这个黄金和白银的价格比率并不是固定不变，投资者反而可以利用这个比率的变化和波动作为一种投资工具去捕捉机会和利润。

我们先看看过去这个金银比率的变化，早在 16 世纪初期，中国的黄金和白银的价值比约是 1:6。18 世纪初，中国的金银价格比率约是 1:10，而当时欧洲的金银比率约为 1:15。一看这两个不同地区的金银比率有差异，就知道有投资获利的机会，简单说就是把欧洲产品卖给中国时，以黄金定价，收取黄金，后在欧洲以黄金换取白银，之后将白银运到中国，在中国可换到更多的黄金。这种以实物流转的金银套戥活动最后令两地的金银比率停留在相若的 1:15 水平。

在近代的金融市场历史上,1980 年间的金银高峰期，黄金价格由金本位制时的 35 美元 / 盎司上升至 850 美元 / 盎司，升幅是 2429%；白银则由 1 美元不到的 90 美分 / 盎司上升至最高的 54 美元 / 盎司，升幅更达 6000%。当时的金银比率的最低点是重回到 1:15。但自白银从高位下跌后，其跌幅一直比黄金大，金银比率由 1:15 慢慢回升，银价的大幅下跌令金银比率在 1991 年初跌到 1:100。

进行金银比率的投资并不复杂，投资者首先要对两者的价格变化有一个想法。例如美国联邦储备局放出消息说很快会调高美元利率，金价应声下跌（1280 美元），但银价因为白银市场有买盘支持，当天价格并没有下跌（17.50 美元）。当你认为银价早晚应该受到相同因素影响而下跌，投资者可以在 17.50 美元卖出白银，但如果只抛空白银，又会害怕加息行动迟迟不出现，银价不跌反升，而不敢贸然做空白银。

但投资者还是觉得白银不可能相对黄金表现得强，他可以做一个买入金和卖出白银的交易，这两笔交易同时进行。一买一卖后，他等于是在 1:73.14 的金银比率做空了白银（做多了黄金）。三天后，美元利率没有调升，金银价格同时上升，金价回升上 1330 美元，银价上升到 18 美元。但这位看淡白银的投资者不但没有受到损失，因为黄金更强，金银比率由 73.14 上升至 73.89。简单的理解就是他手上的黄金由原来可以拿到 73.14 盎司白银，在平仓时变成可以换到 73.89 盎司白银，每一盎司黄金能多换取 0.75 盎司白银。假设他开仓时是买入 200 盎司黄金，卖出 10000 盎司白银（因为黄金合约是 100 盎司，而白银是 5000 盎司），这笔金银比率交易中的 200 盎司黄金，就能赚取 200 × 0.75=150 盎司白银，约为 2700 美元的利润了。

利用它作套戥和对冲，市场是存在专业投资者和对冲基金买卖这个金银比率的。举例说，现时的金银比率为 1:50，若是他们认为白银近期升幅过大，估计年末前的金价会优胜于白银的话，他们会买入贵金属，沽出白银，以 1:50 计，他们一起买入 10000 盎司贵金属、沽出 500000 盎司白银，这样作金银比率买卖有一个优点是买入的费用或成本可以利用沽之数来抵消，在财务费用上是减少了的。当这个比率真的上升至例如 55 时（这比率上升至 55 时，黄金和白银的价格升跌皆可，只要黄金相对地转强便行），他们沽出 10000 盎司黄金平仓，而沽出黄金的金额这时只需买回白银 500000 盎司，余下的金额（约是 50000 盎司白银价值）便是利润。

投资者可以利用它作短线入市指标，因为在某一短时间内，金银比率应大致上有迹可寻，假如金价受消息刺激上升，而白银来不及马上反应的话，金银比率便会变大，投资者可以由此判断另一相关金属的后市走势。

图 1 说明：这张图显示出每一盎司黄金所能兑换多少盎司白银的金银比率变化。图中的最低点，金银比率跌至 1:31.6，其成因是白银在 2011 年被过分追捧，价格升幅比黄金强劲所致。图中可以看到这个比率并没有一个明显的关系和走向，数字是反复的，但在一特定时段内也算是有方向性的。投资者可在中短期的趋势形成后，以此作为金银比率交易的入市机会。

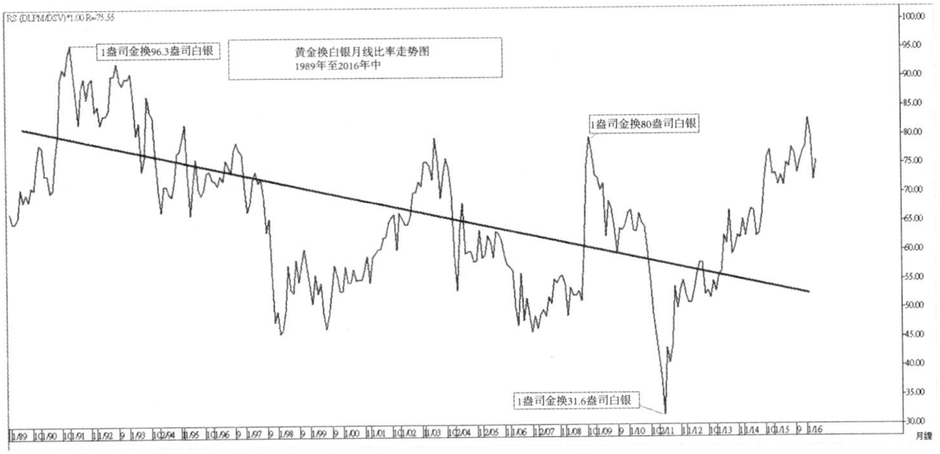

图 1　黄金和白银的比率变化走势（由 1989 年至 2016 年中）

5.7　纸黄金投资

假如投资者只是看好黄金价格，希望在金价上升时获利，他可以买入纸黄金，免却实金存放和交易成本偏高的缺点，以更有投资效益的方法去做黄金投资。

当银行推出纸黄金业务时，很多投资者第一句是问：纸黄金是否是黄金？刚看“纸黄金”三个字的确令人担心这种黄金只是纸一样，其实它的正确说法，应该是“账户金”或“黄金账户”，就是把买入的黄金实物以好像将钱存入银行的方式一样，只在账户上反映，买入了 100 克黄金，就将这 100 克黄金记在账户内。

纸黄金的推出解决了黄金实物交易的两个难题，一是实金的供应问题，因为如果银行只能提供实金交易，客户买入的都是实物金条，银行要保证手上有足够的实物金条才能将业务延续，实金交易才可以不间断的作持续交易；另一个是回购问题，也是上一部分所说的要考虑金条真伪、成色和重量有否改变等。纸黄金是不用实金交割的黄金交易。

纸黄金最大的一个投资优点就是它解决了上述两个实物黄金交易所遇到的问题：存放和回购，它将交易成本大幅减少了。现时很多银行都推出这些“黄金账户”的黄金交易服务，交易价格一般是以上海黄金交易所的现货金价作为参与基准价，然后每边加 / 减一个费用。举例说，上海黄金交易所的金价是 250 元 / 克时，银行的买入价格是 249.50 元 / 克，而卖出价则是 250.50 元 / 克，买卖差价只有 1 元，按百分比算只是 0.4% 不到。投资者买入后，即使金价只轻微上升 1 元 / 克便开始有利润了。仅比较金价波动所产生的投资效益和回报，纸黄金是黄金实物投资工具中效益最高的。

另外，纸黄金投资流动性也是相当高的，投资者在某一银行开立交易账户买入纸黄金后，透过电子银行便能进行交易，加上国内银行的纸黄金都直接与上海黄金交易所的金价挂钩，只要是上海黄金交易所的交易时段，即使是晚上或凌晨，客户也基本上能随时随地买卖。

因为纸黄金的价格变动就是金价的变动，投资者可以利用分析金价走势的思维作为入市考虑。这种不含杠杆的交易，投资者已经付出全部资金，因此承受价格风险的能力相当高。除了因为纸黄金不能产生利息收益外，纸黄金的投资算是一种稳健的黄金投资方式。

黄金情话

谢利源挤提

香港银行业从事实金的金粒金条买卖已有很长的历史，过去投资者买入实金金粒或金条后会将实物金带回家，因为喜欢把玩黄金的充实感。其后因实金买卖的成本增加，实金金粒和金条的供应不稳定，银行业后期多是提供纸黄金或金存折等非实物金的黄金产品。

在香港最早提供类似纸黄金交易的是一家名为“谢利源”的金铺，该金铺成立于1867年，当时已经是百年以上的老店了。香港谢利源在20世纪80年代初开始推出“千足黄金积存计划”，就是让客户定期地少量买入黄金，当黄金积存到某一数量时便可提取金粒，当年这计划算是受到客户所欢迎。

可是到了1982年8月至9月期间，金价在反复中略为上升，市场传出谢利源可能在这次金价波动中受损，一时间很多已经积存黄金的客户涌到金铺提取黄金。这种类似银行挤提的情况出现后，金铺面对很大的资金和实物金的周转问题，结果令百年老铺的香港谢利源金铺倒闭，并因此而引发另一间银行的挤提风潮。

谢利源倒闭事件发生后，香港政府将类似的纸黄金交易归类在集合式的投资计划管制内，经营者如属非银行金融机构，必须要向香港证监会申请批准。

但现时香港还是有些小型金铺提供一种类似的黄金储备方式，金铺以积存的金额来特价出售一些细小金饰，例如戒指，小手链等，再附上一些赠品或饮宴活动。由于在包装上只是像分期付款的购物方式，不算黄金投资，法律上不受管制，但也不会有任何的保障。

5.8 黄金股票及基金

黄金股票是指和黄金产业上有相关业务的上市公司股票，黄金投资者所关注的多是金矿公司的股票，因为投资者有一个概念，认为金价上升对这些金矿公司有利，金价越高，金矿公司的股价按理会越高；另一方面有些投资者明白买入黄金在利息收益上是较不利的，但买入了上市金矿公司的股票，上市公司派发红利时，投资者不就可以有定期的收益吗？因此有些投资者在看好黄金价格时会选择买入黄金公司股票。

但事实上，金矿公司的股价表现是受多种因素影响的，例如公司的管理和盈利表现，甚至受整个股市的气氛所影响，黄金价格的高低只是其中一个外在条件。以在香港上市的多家金矿公司的股价表现为例，近年股价的表现并非和金价升幅同步，甚至金价变动不大时，公司的盈利和股价都是向下行。

黄金基金可以分为两大类，一种是股票类型的基金，基金是将资金投资在和黄金产业相关的上市公司股票上，大部分是金矿公司的股票。投资者假如只是用自己的资金买入金矿公司的股票，只能投资在少数的上市金矿公司；而选择透过黄金基金投资在多家不同的金矿公司上，投资风险就相对分散和减少了。

另一种黄金基金是对冲型式的基金，基金经理所买卖的不是上市的金矿公司股票，而是透过杠杆式的黄金合约交易，或透过不同黄金市场的套戥交易，希望在黄金价格的波动中赚取利润。透过买入黄金基金的方式去投资黄金，优点是有专业的投资经理操作，这应该比个人投资者更专业、更能分散风险。这些基金吸引客户投入资金的方式多是以过去的投资表现和成绩来证明他们的利害，但投资者要记住一句基金界名言：过去的表现并不代表将来的回报。

无论投资者是自行买入金矿公司的股票，又或是间接的买入以金矿公司股票为对象的黄金基金，金矿公司的派息和分红都是一种稳定的收益，因此持有的时间可以较长，并且作为理财规划的一部分。但对冲形式的黄金基金，其表现和波动可能变化很大，并且全依赖投资经理的能力和表现，风险是较大的，投资者只适宜以短线和少量的资金进行投资。

5.9 黄金定投

黄金定投是近年银行推出的一种投资买卖服务，黄金定投和一般的基金定投相似，就是在固定的一个时间期内，一般是每一个月，以定量的金额（或以定量购入黄金数量）去买入黄金。

这种黄金定投首先是将“定投”的投资优点运用在黄金交易上，定期投资方式的最大一个优点是采用了平均入市法，就是不管价格是什么水平，如果在一个长时间内这样做，便能够产生分散风险的作用。因为在金价高低波动时，投资者不是以全数金额作一次二次的买入，每次定量买入，即使金价是处在一个下跌走势，买入的黄金价位是越买越便宜，也可以拉低买入的平均价；当金价是在一个上升走势时，投资者等于是在一个升市中不断在一浪高一浪的走势中买入，平均价又可以看成比市价低。

黄金定投的第二个好处是在交易操作上的简易化，投资者只需一次在银行柜台或网上银行设立指示，定出每次交易买入的金额或黄金数量，并设定一些限制，例如是买入价不能高于某一金价水平，或停止交易的条件等。当定投交易指示设定后，投资者便不用往返银行去查询和买卖了。

黄金定投的第三个好处是让黄金投资者可积少成多，以少量金额去积累黄金资产。黄金定投的购金数量少至 1 克，这对一个资金量不高的投资者来说，在有限的资金下，仍可开始进行黄金资产的投资。

黄金定投虽然拥有上述的三个优点，但我们也要看到它的一些局限。

首先是黄金定投不像一些资金定投的存款，或股票基金的定投或债券基金，这些其他投资工具的定投产品或多或少都能享受存款利息、红利或债息等回报，黄金定投买入的黄金不能产生任何的利息回报，因此黄金投资者在进行黄金定投时，要注意整个资产的份额比例。

第二点要注意是选择合适的黄金定投对象，现时银行提供的黄金定投方式有很多组合。例如工商银行，黄金定投可以分别以人民币或美元进行。如果选择以美元进行时，投资者便要考虑自己的美元资金来源，和面对额外的美元汇价波动风险。

选择合适的黄金产品也包括定投所购买的黄金种类，因为现时银行所提供的黄金交易品种不少，有实物金的，有纸黄金的，有账户金的等。投资者以定投方买入黄金时，若不是真的希望到时可拿到一批黄金实物，就要避免定投对象的实物金，否则在买入时可能多付了实物金的溢价，而在卖出时，也因有较大的买卖差价而吃亏，投资者应选择买卖差价和成本较少的黄金品种来做黄金定投。

5.10 黄金交易所买卖基金（Gold ETF）

ETF（Exchange Traded Fund）的中文说法是交易所买卖基金，交易所买卖基金可简单说成将投资基金上市。传统的投资基金是将基金售与基金的单位持有人，这些持有基金的投资者要卖出手上所持有的基金时，只能将基金卖回给投资基金，因此我们将这个投资者要套现的动作称为赎回，等于是由基金本身向投资者买回基金单位。因此投资经理在获知有投资者要赎回时，他便要将部分股票资产卖出，以收回所需的资金。

部分初接触这种黄金产品的投资者，以为它是和黄金基金的运作相似。黄金 ETF 在形式上是投资基金的一种，但这个基金不是买入金矿公司的股票，也不是冒着高风险来争取高回报的对冲买卖基金。它的投资对象很简单，就是将全部基金内的资金买入实物黄金。

但假如这基金变成像上市公司一样，在交易所可以自由买卖的话，投资者要套现时，只需将所持有的基金在交易所以卖出股票的方式来卖出；同一道理，若某投资者愿意持有上了市的 ETF 基金，就可以像买股票一样，从其他持有人手中买回来。这大大增加了基金和基金持有人的流通性，对于投资经理和基金的运作上，节省了很多程序和时间。

黄金 ETF 就是以黄金作为投资对象的 ETF，对黄金有兴趣的投资者，只要通过黄金 ETF 便能简单地在有兴趣时或看好金价后买入，在希望套现或看淡金价时，简单地卖出手上持有的黄金 ETF 即可。

黄金 ETF 也可以说成是将黄金实物证券化。所谓证券化，是将这种基金性质的投资工具变成像股票一样，以某一个固定单位，例如 1 手或 10 股等买入，通过像买卖股票的结算方式付款后，便持有这批证券化了的资产。

2003 年 3 月，全球第一只黄金 ETF 由澳大利亚的证券交易所推出，推出后受到投资者的欢迎，之后，全球便有多只性质相同的黄金 ETF 推出。根据世界黄金协会的统计，全球已有 19 种类似的黄金 ETF 在不同的交易所内买卖，现时中国的监管机构已经大开绿灯的正式让黄金 ETF 在中国股票交易所内进行买卖。

现在全球最大的黄金 ETF 为 SPDR，它在 2004 年 11 月开始在纽约进行买卖，之后分别在美国、新加坡、日本和中国香港等地的四个证券交易所进行买卖。SPDR 黄金 ETF 在香港的上市编号为 2840，其每手买卖股数最少 10 股，即投资者买入 10 股 SPDR 黄金基金等于可以最低 1 盎司作为黄金买卖单位。

SPDR 黄金 ETF 是规模最大的黄金 ETF 之一，这个基金持有的黄金量曾经在 2011 年底接近 1300 吨，这甚至相当于某些国家的黄金储备量。自金价在 2011 年由历史高位回落后，它的持金量也曾回落于 700 吨，而这个持金量的变化其实也是投资者对黄金、对黄金 ETF 的投资兴趣的变化。

中国证监会于 2013 年 1 月 25 日发布《黄金交易型开放式证券投资基金暂行规定》，这等于是向黄金 ETF 在中国落地生根开了绿灯，中国也出现了在 A 股市场上市的黄金 ETF。但因为中国股民宁愿投资波动更大的股市，而黄金价格自 2011 年 9 月便由高位接连而下，打击了投资者对黄金的兴趣，中国的黄金 ETF 持金量相对较少，交易活跃度也较低。

5.11　黄金 ETF 的运作

黄金 ETF 的运作需要一个投资管理人进行管理，这个投资管理人看起来跟其他投资基金的投资经理有相同作用，但实际上两者对其所管理的基金提供了不同的工作，肩负了不同的责任。在一般的投资基金运作上，投资经理担当着灵魂的角色，他会为基金进行买卖交易，并按他对市场和价格的看法，买入投资产品或卖出平仓；不同的基金会有不同的投资回报表现，而这就在于这些投资经理的能力和表现。

但黄金 ETF 的管理人完全不用作出投资行为，因为黄金 ETF 的产生就是要跟黄金价格同步。当基金成立后，全部资金就是所持有的黄金，若要让黄金 ETF 的表现和金价同步，那就只需简单地将持有的全部黄金放在信托人的金库内，当金价波动时，基金的价值便完全和金价的表现相同。

当黄金 ETF 买入了黄金实物金后，在结算日便会由基金交付资金，然后收取所买入的黄金实物金条。这些金条便是黄金 ETF 的全部资产，这是属于所有基金持有人的，并不属于管理这个黄金 ETF 的投资管理公司。为了保障基金持有人，也为了让尚未投资的投资者增加信心，所有买入的黄金实物金条会存到一个独立的信托公司的金库，由信托公司保管，以这种方式让基金持有人的资产得到最大保障。

黄金 ETF 上市后，它在交易所进行所谓的第二市场买卖，黄金 ETF 的买卖只是从已经持有黄金 ETF 的一方卖给另一方，无论市场的成交多活跃，都只是原有的黄金 ETF 在转手，黄金 ETF 所持有的黄金资产是不会增加和减少的。黄金 ETF 的管理人并不会进行黄金买卖，那么是谁在增加买入，或减少卖出黄金呢？真正在做这些买入或卖出交易的其实是投资者自己。

当市场情绪看好，投资者希望买入黄金 ETF，但如果找不到卖家怎办？

假如黄金 ETF 因为没有买卖兴趣而缺乏买卖对手和流通性时，投资者便会对这种投资工具失去信心。因此黄金 ETF 都有一个所谓做市场商（Market Maker）或流通量制造者（Liquidity Provider）的安排，即是当市场没有买卖方的限价时，又或是市场的买卖差价太大时，他们便要以合理和正常的买卖差价让其他投资者可以随时买卖。

举例说，投资者看好金价走势，做市商报出的金价被投资者买入，做市商便在黄金市场买回；但做市商卖出的是在交易所结算的黄金 ETF，买入的是黄金现货。黄金 ETF 是在做增发的安排，即做市商可以用买入的黄金现货去换取黄金 ETF 的单位，以 SPDR 黄金 ETF 为例，每次最少的增发量为 10 万单位，即做市商交出 10000 盎司黄金现货金条后，便可得到 10 万股黄金 ETF，这便可以用来作为交易所的结算了。相反情况下，如果市场是一个净卖出的局面，做市商买入黄金 ETF 而卖出黄金现货时，他拿着收到的黄金 ETF 便可赎回黄金现货，拿这些黄金现货去结算黄金买卖。在处理好这些增发，或赎回的交易后，黄金 ETF 便会公布最新的持金量。从这个流程可以明白，黄金 ETF 的持金量变化的根源是投资者本身，做市商所提供的买卖报价和成交后的对冲交易都带来获利的机会，这是做市商参与黄金 ETF 交易活动的原因。

因为黄金 ETF 的价格和金价是同步的，买入黄金 ETF 后，当金价上升时，黄金 ETF 的价值和价格也会上升，投资者在黄金 ETF 价格上升后可卖出获利。但这只能说黄金 ETF 的价格涨幅和金价同步，不能说是一致，因为黄金 ETF 在计算其资产值时要扣除一些相关的费用。因此投资者在计算交易所正在成交的黄金 ETF 价格时，会发现是比当时的黄金市场的黄金现货价格低，这是黄金 ETF 的资产值缩减的缘故，不要因为价格较低便以为是一个买入的好机会。从这一角度看，长期持有黄金 ETF 除了同样得不到利息上的收益外，还需负担额外的黄金 ETF 运作费用。

黄金情话

消失的金条

黄金 ETF 的一个卖点是基金将全部资金买入黄金实物金条后，所有金条都存放在独立的托管公司，这些托管机构都是以大金融机构为背景的，例如汇丰银行。

黄金 ETF 所持有的金条资料，例如金条的编号、金条铸炼商名字、金条重量和成色等，投资者都可以在黄金 ETF 的公开资料（网页）查询到。

但话说在 2011 年，作为黄金 ETF 老大的 SPDR，为了加强投资者的信心和开展公关工作，邀请了 CNBC 的财经节目主持人去参观秘密金库。这位节目主持人看到一大堆一大堆金条，当然乐不可支，随手拿了一条金条在镜头前拍摄，好让观众看清楚金光闪闪的金条。这条在镜头前的金条也像其他金条一样，清楚看到金条的编号 ZJ6752……

有好事者看到这一条金条后，在网上查阅同一批编号名单上的金条，竟然发觉这条金条并非在黄金 ETF 所持有的金条清单之上。这可真奇怪了，这条在金条清单上消失了的金条，究竟是什么原因？是清单弄错？还是金条弄错？这有趣的镜头出现后，原以为能借此增加投资者信心的行动反而令投资者担心了。

接下来，不断有人从黄金 ETF 的黄金清单上做文章，一时说发现清单有问题，一时说清单有错误，甚至有人质疑黄金 ETF 是否真的持有所宣称的黄金金条。真的是“早知今日，何必当初”。

第六章
黄金衍生投资工具

“工欲善其事，必先利其器”，追求金光闪闪的黄金美女，我们必须准备好完备的工具，除了实打实的金块金条，黄金衍生出的其他投资工具也是讨好黄金小姐的利器。

现代的金融市场亦有不少衍生的投资产品，衍生工具是现代投资的一种突破，通过一些产品的结构、定价、结算方法和独特的交易方式等，可以制造出一些虚拟的交易品种，例如在2008年令全球出现金融海啸的信贷保证合约（COD），又或是在香港股票市场出现下跌后，令投资大户闻风丧胆的累计买入期权（Accumulator）等都是衍生工具。衍生工具从诞生到现在，一直就是一把两面刀，明白其投资原理、借助其投资特点，是可以让投资者得到好处的。

在这个章节内，会简单介绍和分析黄金的衍生投资工具和产品，解释它们的定价因素、交易运作流程和投资方法等。投资者除了认识这些工具，看看是否合适自己外，也可以通过了解这些工具背后的对冲原理及运作模式，来作为判断黄金价格走向的一个实质性参考因素。投资者和金融机构明白这些有利有弊的衍生工具后，才能随心所欲，在适当的时机投资合适的黄金衍生工具。

6.1 黄金期货（Gold Futures）

将黄金期货说成是黄金的衍生工具是可以的，因为黄金期货不是一种独立的投资产品，它的价格表现是以黄金现货的价格为依据。投资者明白黄金期货是怎样由黄金现货衍生成的后，自然更清楚期金价格的波动原因及其与其他因素的关系，在投资期金的交易上更能得心应手。

黄金期货合约可以简称为期金，它是以期货方式来进行买卖的黄金，它必须像其他期货合约一样，在一有形的期货交易所体制下进行买卖。在交易所进行买卖的期货合约就必定是一种标准化的买卖合约，例如每手的交易数量、交易价格和波动、保证金计算和每天按市场波动进行的结算、交割的规格和日期等。期金交易和其他期货交易一样，到期的清算日期和责任都必须在期货最后交易后，以实物结算方式履行期货买卖所产生的责任，即持有多仓者必须要收取黄金，而持空仓者必须要交收黄金这些结算责任。

以美国纽约商品交易所为例，投资者对买卖的每一种黄金期货合约，都可以清楚知道交易保证金金额、买卖报价和交易规则；交易所也规定了一个最后交易日，投资者要在最后交易日之前决定是以买卖作为平仓方式，还是以收取或交付黄金作为履行持有黄金合约的责任，这些实金结算的平仓可以在该期货合约到期的月份开始，到最后一个结算日止。

从价位的变化来说，期金所交易的价格可以说是这个买卖到期日的金价，因此交易价已经反映了由现时至到期之间的利率因素。买入一张期货合约，并没有实时的结算责任，好像延迟了交收责任，但期金价格是包含这个延迟补偿费的，因此投资者好像能够容易地比较开仓和平仓的价位，两者的价差便是所得到的利润或亏损。买入 1505.60 元，20 天后卖出平仓是 1526.40 元的话，利润就是两个价格的差价 20.8 元了。

假如投资者是买入伦敦金，买入价格同样是 1505.6 元，20 天后卖出 1526.40 元，他所得的利润便不是一买一卖表面上的差额 20.8 元，因为当他买入 1505.6 元的黄金时，交割责任是在 T+2 开始，第二个交易日如果不进行结算，银行或投资公司会向客户收取延期交收补偿的费用，这个延期交收的补偿费用除了有高低变化外，收付方向也可能有变，因此现货黄金合约的利息成本在开仓时是难以准确预计的。

同一道理，投资者买入上海期货交易所的黄金期货合约时，假如是 6 月份的期金合约，则最后交易日是定在交割月份的 15 日，即 6 月 15 日。投资者以 250 元 / 克买入了 6 月期金合约，在最后交易日前以 260 元 / 克平仓的话，他入市时的买入价和平仓时的卖出价已经计算了交易至交割日的差异和成本，投资者的利润就是每克 10 元。

黄金期货在期货交易所进行交易和结算，投资者只是通过期货公司以经纪代理人的角色去执行，资金和结算风险是相对较低的。

6.2　美国 COMEX 黄金期货

现时全球最活跃、成交量最高，并能带动金价波动的黄金期货市场是美国 COMEX（纽约商品交易所 Commodity Exchange，COMEX）。这个交易所内的黄金期货交易开始于 1974 年底，在取消金本位制后，美国容许国民买卖黄金的大背景下，将黄金变成为投资工具而开始运作的。

投资者要进行 COMEX 的黄金期货交易，需要透过交易所的会员进行，除了这些可直接下单买卖的会员，美国以外的投资者可以通过其他地区的期货交易公司，例如在香港的期货公司开户。这些香港的期货公司虽然不是 COMEX 的交易会员，但他们可委托 COMEX 的会员来完成交易，买卖后这些持仓和结算等所有运作都是按 COMEX 的规则处理和执行的。随着电子交易的应用和流行，参与 COMEX 期金买卖的投资者可以说来自世界各地。

COMEX 期货也是以美元 / 盎司黄金的报价，例如是每盎司 1550 美元。因为交易所的交易方式是自动配对，投资者可以在交易所已有的买卖价格上成交，也可以设置买卖限价。假如市场的报价是 1502.00/1502.80 的话，投资者希望以低于1502.80的价格买入，他可以在1502.50美元放下买入盘，这时候交易所的黄金期货价格便变成：1502.50/1502.80。但他不能放置一个 1502.55 美元的买盘，因为期金价格的最低波幅是 0.10 美元，即要以 0.10 美元为最少的波幅价或变动价。

期货交易买卖的是期金合约，一张期金合约也称为一手期金合约，COMEX 的每张期金合约是 100 盎司的黄金，每张期金合约的价格（在 1500 美元时）便是：100 × 1500 美元 =150000 美元。上海期货交易所的每张期货合约是 1 公斤（1000 克），它的合约价值（在每克 300 元人民币时）便是：1000 × 300=300000 元人民币。

期金合约并不是单一的一种黄金合约产品，期货交易所在同一时期也可以提供不同到期月份的黄金期货，以 COMEX 为例，它可同时提供远至 23 个月内的奇数月份和双数月份的黄金期货合约，同时也可提供远至 72 个月内的季月（即 3,6,9 和 12 月）等月份的黄金期货合约。

大部分期金的买卖都不会进行最后的现货结算，这些投资性的买卖只是希望在金价波动时获利或达到对冲目的。因此他们要留意这个期金的最后交易日，因为过了这个最后交易日后，还持有黄金期金合约的持仓者就一定要以实物金来作结算。COMEX 期金的最后交易日是到期月份的最后第三个工作日，投资者在这个最后交易后便只能以现货结算的方式来平仓。

COMEX 的黄金期货早在 1974 年底便开始，当时的交易还是传统的场内交易方式，采取的是公开叫价（英文称为 Open Outcry）的报价和交易方法。在这种交易方式下，期金交易商会通过在交易所内的交易员以口头叫价的操作方式来完全交易。

现时 COMEX 在原来的交易时段内仍保留这种传统的特色做法，但为了将交易时间延伸来配合黄金 24 小时的交易，在公开叫价的交易时段结束后，COMEX 以电子交易平台的方式，让投资者仍可以在交易所的营业时间结束后进行买卖，不会错失黄金价格波动的机会。

以北京/香港时间为坐标，COMEX 的公开叫价时间由晚上 8 时 20 分开始至早上 1 时 30 分。但电子交易平台的交易时间是以整个星期算的，能够进行买卖的时间由美国的星期日晚上 6 时至星期五晚上 5 时 15 分，即是由北京/香港时间的每周一早上 6 时开始至周六的早上 5 时 15 分。

6.3　期金投资策略

黄金期货投资也是黄金投资产品的一种，期货形式的交易有交易所买卖的规则和期货式交易、结算的特色。相对于黄金现货的买卖，投资黄金期货还要考虑除金价波动外，其他买卖期货时要考虑、判断和跟随的期货运作规定，更要小心因此而有可能出现的风险。

黄金期货月份的选择

在进行黄金期货交易时，第一个要选择是在哪个合约月份来进行交易。因为黄金不受季节性生产或需求的影响，很多期金交易只是作为投资或对冲之用。因此，选择期金作为投资买卖时，要选择的交易月份应该是最活跃的期金月份合约。

COMEX 的期金交易有一个特点，就是在上半年的 6 月期金合约，或在下半年时的 12 月期金合约，这两个月份的交易是较为活跃的，成交量也较多。以较活跃的期金月份合约来进行投资，市场的流通性和效率较高，这对投资者是有利的。

上海期货交易同样是以期金形式来交易，但上海期金的活跃月份集中性更高，很多时候市场有 90% 的买卖都集中在当时最活跃月份中进行。

期金交易保证金

期金交易是期货合约，也是交易所的交易合约，投资者在买卖期金时要先按交易所的要求交付交易保证金。这个保证金是风险管理方法之一，

黄金情话

穿睡衣的交易员

当我进入银行的黄金部门工作后，随着金价的波动和银行的黄金交易增加，很多时候要利用COMEX的期金交易来对冲或买卖。银行发觉有增加晚上交易的需要。因此，银行在金价有明显波动，或持有仓位时，我们便要留守在银行，在晚上观察期金市场的波动，并随时进行买卖。

我还记得第一次当值的晚上，我和当时已经是黄金交易部主管的赵诚安先生和另一位后来成为黄金业界猛人的冯志坚先生三人一起晚上值夜。我们在银行白天办公的地点架起了临时的床铺，穿着睡衣等候金价波动的出现。

就在这一个晚上，金价果然出现了波动，赵先生希望在纽约的交易时间内进行买卖，他把我和冯先生召到银行的电讯室（因为当时银行根本没有长途电话的装置，对外的联系仅是依靠一部专用电讯机“TELEX”），那时候每家银行或金商都会有一个电讯机号码，就有点像现时的电话号码，我们搭通了对方的电讯机便能即时利用文字来对话。

这种电讯机像传统的英文打字机一样，前面是键盘，按下字母键盘后，面前的字母键便会弹出，在纸卷上打出所输入的英文字母，对方的电讯机也同样打出英文字母，双方就靠由字母组成的英文句子来对话。但这种电讯机有两个问题，一是当大家同时输入文字时，讯息会受影响而出现乱码，看不清对方要说什么；第二个问题是电讯机在打入英文字母后再要打出数字时，要先按下一个转换键，才能打出数字，之后又要转回字母键才能打出所说的话。

记得那次是冯先生特意让我去尝试进行交易，我心情当然有点紧张。当赵先生要我打出买入 2000 盎司时，因为打出英文买入（Buy）后，要按数字转换键才能打出 2000 这四个数字，但不知是我没有成功按转换键，还是对方也正在输入文字，结果在打印的纸卷上只看到买入的英文字，看不到数量 2000，并随后是一堆乱码，连续试了二次也是这样，大家当然心急如焚，不知交易是否完成。

还好，待一堆乱码打出后，我再输入一次交易数量，对方回应交易已完成。刹那间，这三位穿着睡衣的交易员，面上才出现笑容。

交易所在定出这个保证金时会考虑金价水平、波动情况、市场流通性和时间长短等各种相关因素，因此 COMEX 对于近期月份和远期月份的期金保证金有时候会有不同的金额。

以 2013 年 5 月底的黄金价格每盎司在 1400 美元为例，COMEX 对不同的期金月份合约定出一个统一的保证金，即开仓保证金是每手的 7040 美元，和维持保证金 6400 美元。开仓保证金是指投资者在准备进行买卖时，账户内最少要存有的资金数字。投资者买卖后，金价会有所波动，总不能下跌了一二美元后便马上追加保证金，因此只要资金在维持保证金要求之上，即高于 6400 美元时便不用追加保证金，一旦账户内的保证金金额低于 6400 美元时，投资者按理是要把保证金资金追补至 7040 美元的。以大约为 7000 美元的保证金要求计，黄金价格是 1400 美元时，交易所大概是以 5% 的比例来收取保证金（期金合约期值 =100 盎司 ×1400 美元 / 盎司 =140000 美元）。

充足的资金准备

期金是交易所的合约产品，必须要按交易所的规则和要求进行。以COMEX期金为例，保证金约为合约总值的4%左右，并会因应市场的波动幅度和频率而调整。但投资者在投资黄金期货时，不能只持有这笔买卖保证金的资金，因为当客户的交易保证金不足时，会收到期货公司的追加保证金通知，投资者等于要按入市后的浮动亏损追加保证金。万一在规定的时间未能将资金存入到期金交易商的账户内，当价格再恶化时，期货交易商便会自动执行止损平仓，将投资者的持仓平仓处理。

香港或中国内地的投资者在买卖COMEX期金合约时，追加保证金方面的风险较大。COMEX期金交易是在美国的交易时段内最为活跃，当金价波动后，期货交易商要马上存入追加保证金，国内投资者在晚上不一定能作出资金调拨，期货交易商不会答应等待银行在明早开门营业前不采取任何平仓行动。即使客户能及时汇出款项，还要等待汇款银行、收款银行和期货商确认资金到账后才能解除被强制平仓的风险。

期货的到期处理

期货交易的持仓在该月的最后交易日便要平仓，否则便要进行实物结算，在进行实物结算时是通过交易所认可的黄金仓库来进行。假如投资者只是投资性的持仓，在最后交易日仍想坚持自己对金价走势的看法，可以将即将到期而不能进行买卖或持仓的合约，以转期方式转到另一个月份。

举例说，投资者持有了1张4月份的黄金合约多仓,4月份的黄金合约将在明天结束买卖，投资者可以进行一笔卖出4月期金而同时买入6月期金的交易，这样一买一卖后，等于是将4月份的期货合约卖出平仓，新买入的6月期金多仓便可继续持有至6月期金到期前卖出平仓。

这种转期的交易价格可以在期货市场获得，大部分情况下，这些近期月份和远期月份的转期费用都是溢价，在两个不同的期货合约月份的时间差上可以计算出利息成本。

黄金情话

重型限价炸弹

1983 年我从银行转到一家跨国的黄金交易公司，当时该公司名字为 Derdy Metals Limited，它有个地道的中文公司名字：达运金融有限公司，当时它号称自己为伦敦的第六位金商。

因为公司的控股公司是当时经营商品现货及期货出名的 Philipp Brothers 美资公司，具有犹太人背景，因此公司拥有不少有实力的中东客户。

中东市场约是在香港中午时间后开市，记得有一次是下午二时多，电讯机中出现了一个中东大客户，透过电讯机的文字，他不断地查询最新的金价。通常他们的交易方式有两种，一是查询即时金价后马上买卖，另外就是喜欢在大概的市价范围内给一个限价指令，让我们有更大的交易空间，希望最终以较佳的价格完成买卖。

那天这个客户是以给买卖指令的方式，在查询市价后，不断打出数量是 10000 盎司的沽出限价，一个接一个，结果在约一个多小时的交易中，连续前后给了共 14 个 10000 盎司的卖出指令，我们共为这位客户在黄金市场卖出了 140000 盎司的黄金。

另一个重型的买卖指令，是在我加入雷曼兄弟的黄金交易部门时，有一个日本客户，要求我们报出一个 2 吨黄金，即是 64800 盎司黄金的买卖价。我们报出一个差价为 1 美元的买卖价后，客户即时买入。接了交易的同事当然大声呼喊通知其他同事交易已成，随即整张交易台上的交易员都用尽所有电话和网络，一窝蜂地将交易完成。结果我们借助这个重型限价炸弹去轰炸整个市场和对手，买入了近 80000 盎司黄金，将金价推高后，把多买入的数量平仓获利。

6.4 期金交易的风险管理

期金交易除了面对和黄金现货交易相同的风险外，投资者在进行期金交易时，还要留意几个期金交易上的风险。

交易确认和成交价的不确定性

期金交易是交易所形式的买卖，是要自动对盘配对成功后才能完成买卖的交易。它不像伦敦金以报出买卖价的方式，黄金交易公司按自己的看法和持仓来报出买卖价，客户一定可以在这个报出的买卖价成交。但期货公司并不是做市商，他们只是为客户下单到市场，假如投资者看到当时的期金价格是 1502.30/1502.60 时，他希望以 1502.60 美元买入，他便可以通过电话或电子交易途径来买卖，但系统的处理只是把这个买盘传输到交易所的交易系统内，如果当时的价格没有改变，投资者自然可以在 1502.60 美元（卖出价）买入成交。但如果在投资者输入买入指令时，1502.60 的卖盘刚好被取消，买入的指令便不能成交，而交易所的报价会把这个 1502.60 的买盘代替 1502.30，最贴近市价的卖出价是 1502.90，期金的买卖价便会调整为 1502.60/1502.90 了。

另一例子是如果在这位 A 投资者的 1502.60 买盘输入系统的同时，有另一位 B 客户同时也输入了 1502.60 的买盘，交易所的对盘系统是以时间优先的方式去决定让谁来成功买入。如果能成交的数量不及入市交易多，或是 A 投资者的输入时间较别人晚了 0.10 秒的话，买卖就由那位 B 客户成功执行，A 投资者未能成功。当金价出现大波动时，这种成交不确定性的风险便越大，投资者要先确认之前的交易是否已经成功执行，才去处理这个仓位。

投资者可以利用市价盘（Market Order）去处理，即不指明以什么价格执行，避免因为反复的不成功而错失机会。但市价盘的执行是以当时最新成立的价格去成交的，万一金价出现大波动，又或刚好在某一段价格内没有其他接近该价格的指令，系统在执行市价盘时只会寻找最后的可成交的指令来执行，投资者可能会以一个偏离的价格成交，这种成交价的不确定风险也很高。

期金交易的结算

一笔期货交易的买方和卖方不会知道在交易完成后，对方是否会以实物交割方式来进行结算。以期金为例，真正进行实金结算的数字大大低于合约的买卖数字。期金买卖双方完成交易后，按期货交易的规则，买入的投资者是有责任在合约到期时收取黄金，而卖出者有责任要在合约到期时交收黄金，若要避开这个责任只能是在最后交易日之前平仓。

在期货交易到期前，市场中会看到一种所谓“挟仓”情况，就是买家要收取实物来进行结算时，如果之前卖出期金的投资者没有交出黄金的能力，这些持仓的投资者只能以买入方式平仓，在空仓争相买入的支持下，金价便会上升。这种不是因黄金价格而产生，而是受操控结算所产生的风险，期金投资者也需要留意。

中国的黄金市场并没有和海外黄金市场接轨，期金的成交数量和持仓量并未达到足够的深度，以中国投资者的投资特性来看，这种人为的“挟仓”情况更容易出现，这会为投资者增加结算上的风险。

资金和交易的安全性

大部分海外的交易所在处理客户保证金的安排上和国内不同，COMEX

交易所只会在买卖完成后，按持仓量向会员公司收取应付的保证金。但客户在开设期金交易户口后，即使还未开始交易，保证金也是要先存到会员公司的银行账户内；国内的投资者在未开始进行买卖时，资金则还是在客户的资金账名下。假如期金交易不是通过一家 COMEX 的交易会员进行，而是在其他海外的期货交易商开户，资金便要提前在交易前的一至二天存入期金交易商的银行账户内。万一在开始买卖前出现了问题，客户就需要面对多一种资金安全的风险。要管理好这个风险，便要在开设期金交易账户时，先了解开户公司的交易身份、信贷水平和财务情况等资讯。

6.5 黄金期货的计价因素

我们在前面解释过期金价格基本等于黄金的现货价格，加上在由现货结算日起到期金结算日时的资金成本，或其他一些相关成本和费用，在一般情况下，期货价格都会比现货价格高，高出这部分可以称之为溢价（英文多以 Premium 来表示），投资者可从黄金期货价格是衍生自黄金现货的这层关系来了解黄金期货的计价因素。

结算日的差异

这是期金价格和现货金价形成差异的最主要原因，我们假设黄金现货现时的金价是 1500 美元，今天买入伦敦金，在两个工作日后的 3 月 1 日买家便要付钱收金；而 6 月的 COMEX 黄金期货是在 6 月 1 日便可以进行结算，简单说，期金和现货在结算日期的差距是 92 天。

在没有其他因素的影响下，期金价格只用在 92 天后才付钱，买入期金明显是节省了由 3 月 1 日起至 6 月 1 日共 92 天的成本，因此，期金价格要高于现货价格是合理的，高出的溢价可以看成是这笔节省下来的费用。

结算成本的利率因素

92 天的结算成本是等于多少金额？假设美元利率是 3% 的话，从美元资金看就是节省了 92 天 3% 的利息开支，1500 美元 ×3%/360（天）×92（天）=11.5 美元。虽然我们得出 92 天的美元利息成本是 11.5 美元，但这并不是说 6 月期金的溢价是 11.5 美元。

我们在解释伦敦金的延期结算费用时，都一直说明不要忘记黄金的利率成本，在这 92 天的延期结算中，同样需要计算黄金利率所能抵消的结算差距。假设黄金利率是 1%，计算 6 月期金的溢价公式便会变成：

1500 美元 ×2%（3%−1%）/360（天）×92（天）≈ 7.7 美元

通过计算，可以得出 6 月期金的理论溢价是 7.7 美元，所以当伦敦金是 1500 美元时，期金价格是 1507.70 美元。

市场的买卖和供求因素

虽然通过计算，我们会得出 6 月份的期金溢价是 7.7 美元，但并不表示期金价格是完全以这个溢价牢牢盯住黄金现货价格的，这个 7.7 美元的溢价在市场波动时也会有所变化。例如伦敦现货是在 1500 美元，期金本来是在 1507.70 美元，但突然间在期金市场出现投资者大手吸纳买入黄金，将黄金价格由 1507.70 美元推高至 1508.50 美元，但伦敦现货市场的金价也可能没有波动，金价仅轻微上升至 1500.30 美元，这时候一算，6 月期金的溢价便增加至 8.20 美元。

另一种有可能产生不是计算上的溢价差异的原因是伦敦的现货黄金供求情况有变，例如黄金现货紧张，这除了会影响黄金利率的上升，从而在计算时溢价有变化外，也会刺激买入伦敦金和卖出期金的交易，其目的是为了买入的伦敦金在两日后的结算日便能拿到手，这种需求的交易令期金的溢价有机会作出异样变动。

期金到期日的缩减

6月期金和现货结算有92天的差距，计算出的溢价是7.70美元，假设其他因素不变时，仅时间在一天一天过去，而4月1日为结算日的伦敦现货价也刚好是1500美元，这时候相差的结算日只有61天，因此,6月期金的溢价将会是：

1500美元 ×2%（3%–1%）/360（天）×61（天）≈ 5.10美元

计算溢价的金价基准

黄金价格不是固定不变的，当金价在波动时，用以计算期金溢价的金价基准也会改变，即使其他因素不变，计算出来的溢价也会轻微改变。例如金价早上为1500美元，在收市时已经上升至1530美元，如果这时候去计算期金的溢价，计算公式内的现货金价便要改为现时市价的1530美元来计算，得出：

1530美元 ×2%（3%–1%）/360（天）×61（天）≈ 5.20美元，溢价在计算上上升了0.10美元。

6.6 现货金价和期金价的互动关系

假设我们通过计算得出6月期金的溢价是5.1美元，黄金现货和期金的换算公式便是：

现货金价 +5.1= 期金价格

期金价格 –5.1= 现货金价

5.1= 期金价格 – 现货金价

上面这三条换算公式都是成立的，并且相互影响。举例说，纽约COMEX刚开市，伦敦金的金价正在1510美元停留着，期金交易者自然会计算出1510美元+5.1美元=1515.10美元，这是由现货计算出的期金价格。当伦敦市场收市后，纽约期金继续交易，要从哪里得知伦敦金的价格呢？最简单的方法是根据期金的价格来调整后作报价，如果6月期金价格是1515.30美元，只要1515.30–5.10=1510.20美元就变成是伦敦金的价格了。

当伦敦金市和美国金市同时进行交易时，两种不同黄金投资品种便因为有了这个计算上的关系，而相互影响，但两个市场不可能在价格上出现差异大幅偏离5.10美元溢价的价格。

如果这个计算出的5.10美元溢价只是理论上的计算值，现货金价和期金价是有可能产生偏差的。正因如此，伦敦金现货和纽约期金的溢价并不只是一个计算上的理论值，它也是一种交易工具和交易方式，有了可以买卖的交易能力，这个差异便能真正的起指导和调节作用。

我们再看看这个公式：期金价格 –5.1= 现货金价，就是期货金价减去5.10美元这个溢价后便可得出现货金价，因此5.10美元这个溢价还有一个专业的名词，就是EFP（英文全写是Exchange For Physical），意思是它是一个由期货转变成现货的转换数值。这时候，期金价和现货黄金价的关系可以表示成：期金价 –EFP= 转换后的现货黄金价格。

市场把这个EFP再发展成为一个溢价高低变化的指针和交易品种，有了这个可以单独成为交易品种的EFP，一方面，当金商要将手上的期货持仓转为现货时，他便可以利用EFP来进行一笔买现货 / 卖出期货的交易，这一买一卖的差价就是这个5.10美元的EFP价。另一方面，因为市场在交易时所产生的期金和现货金价的差异是变动的，当这个差价偏离EFP这个指标溢价时，也就会出现套利的交易。

假如期金价格突然因有期金买盘而急升，刹那间，期金价格比现货金价高出 6 美元，金商会买入现货再卖出期货，先套取当时两个市场间存在的 6 美元价差，然后在 EFP 的交易中以 5.10 美元进行一套方向刚相反的交易，四笔二买二卖的交易完成后，将仓位完全平仓，便能赚取 6 美元和 5.10 美元之间的 0.90 美元差价利润。

因此当 EFP 的交易存在于市场时，对冲和套利交易便会调节短暂的偏离，现货黄金和期金的价格便会大概依照计算出的差异来相互影响和变动，现货黄金和期金的价格关系就是通过 EFP 来维系的。

6.7 期金和黄金现货的转换交易（EFP）

EFP 的存在除了令黄金现货和期金在价格上和交易上的关系能建立起来外，它还可以增加交易弹性和市场效率。这里先说一个简单的 EFP 作用和它的操作方法，即利用 EFP 来处理伦敦金的交易，增加跨市场的交易弹性。

举例：投资者在纽约期货交易买入了 100 张 6 月期金合约，买入价是 1510 美元，纽约期货市场收市后仍停留在相同的价格上。

此时金价在亚洲市场上升，伦敦金价由在纽约收市时的 1510 美元上升了 20 美元。投资者认为是一个获利的好机会，如果他打算平仓抛售这 100 张合约（10000 盎司），若他等纽约开市后才平仓的话，金价或许会回调下跌了，这样他便错失了高位卖出的机会。但是如果利用 EFP，他可先利用伦敦金现货来对冲，在 1530 美元时卖出了 10000 盎司伦敦金。这时候，他便分别拥有两个不同持仓：

一个是持有 100 张纽约期金合约多仓，成交价 1510 美元

一个是抛空 10000 盎司伦敦金，成交价是 1530 美元

这样一个在期金的多仓和一个伦敦金的空仓，虽然没有价格风险，但他要面对两个持仓的保证金，及其所产生的利率和费用，这对投资者是不利的。

投资者在这种情况下要尽快处理这两个持仓，如果他分开处理两个持仓，则可能在纽约期金开市后，看准机会将期金的多仓卖出，并立即买回伦敦金。但这样的做法是存在风险的，因为交易不是一买一卖能同时进行，在卖出纽约期金后，伦敦金的价格可能有变化。如果他懂得利用这个 EFP，他就能避免这些风险。在国际黄金市场都有银行或金商以这个溢价 EFP 作为交易品种，让客户或其他银行进行交易。这位投资者只需利用 EFP 交易，将手上持有的两种不同黄金合约合二为一，这样便能将多仓和空仓冲销掉。

合理的做法是投资者去跟银行查询一个 6 月期金的 EFP 价格，假设银行报出 1.80/2.10 美元这样的一个现货黄金和 6 月期金的 EFP 交易价格，则可以理解成：客户要在伦敦金上买入，同时将期金卖出，银行只给客户 1.80 作为期金的溢价。若客户要在伦敦金上卖出，同时买回期金合约，银行要收 2.10 溢价，这个 1.80/2.10 间的差价可以理解成银行的交易成本和利润。

投资者和银行达成以 1.80 美元来进行 EFP 交易后，他们便要将这笔溢价以一买一卖的方式显示，并将这一买一卖的交易和之前的两个持仓进行结算。

a. 投资者以 1530 美元买回 10000 盎司伦敦黄金

b. 投资者以 1530 美元 +1.80 美元溢价 =1531.80 美元的期金价格卖出 10000 盎司（100 张）期金合约

在产生上述两笔交易后，投资者在伦敦金市场以 1530 美元卖出的 10000 盎司黄金合约以 1530 美元买回，账面上伦敦金没有盈亏。投资者原来早一天交易的期金多仓 1510 美元便可和 1531.80 美元的交易平仓，得到 21.80 美元（每盎司）的利润。

有了这个 EFP 的交易价格，作为全世界最重要的两个黄金交易市场：纽约期金市场和伦敦金现货市场便等于相通了。因为在期金市场买卖了持有仓位的投资者不用担心在期货市场收市后影响成交效率，他随时可先行利用伦敦金来对冲，再以 EFP 把伦敦金的持仓变为纽约期金，这对期金市场的推广和渗透是十分有利的，等于将纽约期金市场推广到全世界了。

我们说 EFP 变成一种交易工具和买卖，银行以 1.80/2.10 美元报出这个 EFP 交易价，那么银行是怎样报出这个 EFP 价和进行对冲的呢？

期金溢价最大的计价因素是美元利率和黄金利率，举例说，两个月的美元利率是 4%，两个月的黄金利率是 1.5%，在计算现货金价在这段时间和 6 月份期金的溢价时，银行会计算出这个 EFP 价约是 2 美元左右，银行报出 1.80/2.10，就是在 2 美元这个基础上报出一个交易价，当客户进行交易后，银行等于持有了 EFP 多仓，成本是 1.80 美元。

市场上也会存在不同兴趣的客户，银行和投资者达成一笔 1.80 美元的 EFP 交易后，说不定有另一个投资者以相反方向成交，以 2.10 美元卖出伦敦金买入纽约期金，这样银行的利润更大。银行经营这种 EFP 的业务就像其他银行买卖的产品一样，以在成本价上获利，或在买卖差价的不同方向和交易上获利。

万一没有其他客户跟银行进行反方向的 EFP，银行便要自行对冲这笔 EFP 交易。在之前的 EFP 交易中，银行是以 1.80 美元进行了一套交易，分别是卖出了现货黄金和以 1.80 美元的溢价买入了期金。所以当银行对冲时，首先要处理卖出的伦敦现货黄金。假设银行本身没有现货黄金在手，在结算现货黄金时，便要在黄金借贷市场上借入全期的黄金头寸，当时黄金利率是 1.5% 的话，这里需先计算出要付的 1.5% 的成本；但把黄金交出后，即可收到 4% 的美元利息收入，即是说银行可以收回 4%-1.5%=2.5%。由这 2.5% 计算可得出利息 2 美元，银行的交易和对冲完成后，便能获得 2

美元 -1.8 美元 =0.2 美元的利润。

近年间，因为网上交易和 24 小时的交易无间断，EFP 的交易活跃程度大不如前，但这个价差的产生和交易是连接和维持现货金价和期金价关系的桥梁。

6.8 黄金期权（Gold Option）

黄金期权交易在黄金投资上是相当活跃的，黄金产业中的供应和需求方都可以借用黄金期权的交易来对冲风险、锁定价格和进行结算，黄金投资者亦可通过黄金期权进行能控制风险和有杠杆效益的黄金交易。黄金期权的原理和投资方式和其他投资工具的期权交易相差不远，都是依循期权的投资概念和规定进行的，在介绍黄金期权的同时，先以期权交易的整体概念来让投资者弄懂期权的奥妙并掌握它的特点。

认购期权和认沽期权

“期权”顾名思义是一个远期的权利，持有这个权利者，即是持有一种投资交易上的权利，这是什么权利呢？它可以是一个买入的权利，我们称之为认购权（看涨期权，Call），它也可以是一个认沽的权利，称之为认沽权（看跌期权，Put）。我喜欢用认购和认沽的字眼，是因为“认”字包含了行使权利时买入或卖出的行动。

持有了一个期权，就可以在一个之前协议好的价格上，去行使所持的认购权去买入，或所持有的认沽权去卖出某一种投资产品。行使权利时的价格称为行使价（Exercise Price），在买卖期权时已经协议好，这协议好的行使价也称为“定价”（Strike Price）。进行认购或认沽的交易时，即以此作为交易价格；而协议好可以被持有认购权的投资者所买入的投资产品，称之为标的资产（Underlying Asset）。标的资产可以是实物，例如黄金现货，也可以是期货合约，例如纽约商品交易所的期金合约，也可以是股票，外汇和利率等投资工具，甚至是任何可以进行交易的物品和行为。

期权的期限

持有期权所拥有的权利必须在到期日或到期日之前行使，一旦超过到期日后，这权利便会失效。这个能让投资者行使权利的最后期限日我们称之为到期日（Expiration Date）。

如果某一期权让持有人在这一天或之前任一天行使权利，我们称这种在到期前也可行使的期权为美式期权（American Style）；另有一种期权只能让持有人在到期当天才能行使的期权，我们称之为欧式期权（European Style）。但这两种行使时间上看似差别很大的不同期权，因为可产生同样的对冲交易，在计算期权价格时是相差不了多少的（除了因提前体验股东权益的好处十分明显外）。

期权买卖双方的权利和责任

投资者以买卖的方式买入期权，因此持有期权的投资者就拥有在某一期限前或当日可以运行的认购或认沽权。将来要行使这个期权时，可以向卖出这个期权的人行使认购或认沽权利，卖出期权的人必须承担这个义务。

买入期权就拥有期权，他可以决定行使还是不行使，假如 A 投资者买入了一个 10 月底到期的 1500 美元 / 盎司金价为行使价的认购期权。假如金价在 10 月底上升至 1600 美元 / 盎司，简单地考虑是他当然会行使这个认购权，以 1500 美元认购黄金，然后以市价卖出获利。

如果金价到期时只是 1400 美元，A 投资者一定不会以 1500 美元来认购买入黄金，当金价不利期权时，他可以放弃行使的权利而不须负任何责任和额外费用。与买家刚好相反的是，卖出期权的投资者在收到期货的费用后，他只能等待期权的持有人最终是否行使他所拥有的权利。

期权的投资方向

期权买卖的奥妙是它所产生的投资效果是多向性的，我们先从简单的看涨和看跌的两个投资方向去看期权交易。认购权持有人有权以既定的价格买入黄金，他当然是看好金价才买入认购权的；相反说，买入认沽权的投资者，一定是认为后市金价会下跌，才有机会出现利润。所以在投资方向上，可简单将认购权和认沽权的买卖双方的市场方向列出如下：

买入黄金认购期权—看涨金价

买入黄金认沽期权—看跌金价

但卖出期权的对手方的市场方向可能并不是单一性的：

卖出认购期权—看跌金价或不看好金价能升至认购的行使价位

卖出认沽期权—看涨金价或不看淡金价能跌至认沽的行使价位

黄金期权的交易

场外交易的期权是投资者与交易对手，例如银行、金商等进行买卖，买卖价由交易对手报出，价格的透明度和流通性是存有不足的；而交易所买卖的期权，就像交易所其他产品一样，投资者必须在经纪公司开立户口，这些公司只是一个代理角色，将客户的买卖指令下达到交易所的交易系统中，当市场有交易对手能成功配对时，交易才能完成。因此，市场的成交量是否足够、流通性是否高，都是影响投资者是否愿意在这个市场进行期权交易的因素。

黄金情话

期权与双形拳

期权交易是千变万化的，特别是期权组合的买卖策略，可以因不同的买卖方向、不同的认购或认沽、不同的行使价，甚至不同的到期时间来定出买入和卖出的策略。

为使这些策略的盈亏变化和最后结果能清楚显示在投资者眼前，我们可以画出在不同价格结果下的一条盈亏线变化图。而为了让投资者容易上心，和迅速反映期权组合的表现是怎样，这些期权组合的盈亏图都会以形象化的说法来描述，例如是像一个马鞍形状的马鞍式，或在左右两边像伸出一对翅膀的蝴蝶式等。

在一次期权讲座的活动中，为了增加现场气氛，我加设了一个“笑问笑答笑看期权”的环节，以一些轻松的问题引起来宾对期权的兴趣。其中有一条问题是：下面哪种运动，其表现形式和期权的投资策略盈亏图的表述概念相似？

A. 太极拳

B. 咏春拳

C. 少林八卦拳

D. 虎鹤双形拳

答案是“虎鹤双形拳”，因为当打出这套双形拳时，会以手指摆出虎爪或鹤嘴的手势，令人一看便知道是虎爪还是鹤嘴出招了。

我还记得在1985年开始接触期权交易，当时的组合招式只有15种，后来增加至18种、22种，甚至28种。把这些期权组合形容成期权28式，说起来真的像耍功夫一样。

6.9 黄金期权在黄金产业的运用

期权投资可以应用在不同的投资工具上，并可复杂的组合成不同的投资策略。黄金市场上的参与者如果懂得利用期权交易，甚至可以做到对冲风险和稳中求胜。我们可先了解上海黄金交易所进行的黄金期权的交易规则，并以此黄金期权价格作一个简单的说明。

上海黄金交易所的黄金期权交易有几个特点：第一，是以询价的形式代替持续报价。黄金期权的价格变化受很多因素影响，假如市场流通性低，投资者是难以计算和设立买卖价格的，因此上海黄金交易所是用询价方式，即当有客户对某一期权合约有兴趣时，用询价的方式要求参与的会员报出一个买卖价格。

第二，是行权时的目标资产是交易所上市交易的询价即期合约，当投资者买入了看好（认购）期权并要行权买入时，买入的就是一份所谓“询价即期合约”。

第三，期权的结算期限分别是欧式期权，即黄金期权买方只能在期权行权日当天才可以行权；或是美式期权，即期权买方可以在行权日当天或在行权日之前任一交易日行使权利。

第四，是询价期权合约的结算方式可以同时是实物，即实质的行权买卖出现，或是只计算行权时的价格和现时结算价的差来现金结算，收付差价。

对冲金价下跌的风险

黄金期权很多时候被黄金的需求者或供应者利用为对冲工具，黄金生产公司当然希望能在最高、最好的价格抛出黄金，但什么才是一个最好的价格是难以预期的。万一在等待高位出现的过程中，金价出现连番下跌，金矿公司便会错失机会，同时面对价格下跌的风险，他们会希望能以预算中价格将生产出的黄金抛售。

利用黄金期权作对冲工具的话，金矿公司可以在市价为 250 元 / 克时，买入一个 230 元 / 克的看淡认沽期权（假设这个 6 个月的认沽期权的价格是每克 8 元）。金矿公司可以得到的保障是在这个期权到期前，不管金价是220元还是200元，金矿公司可以230元的价格卖出黄金，有了这个底价，金矿公司可以放心等待金价上升，希望在最高的价格时卖出生产所得的黄金。这笔利用期权来对冲下跌风险的成本就只是 8 元 / 克，以这笔固定的对冲费用来换取金价上升时，黄金产量带来的更大利润空间。

对冲金价上升的风险

作为黄金需求方的金饰制造公司，他们希望在低价买入黄金，当金价处于高位时，以市价或一个未能固定的金价买入黄金会影响他们加工产品的成本。如何能固定一个买入黄金的成本呢？如何能在等候金价回调的同时，即使金价进一步上升但仍可在一个预设的价格买入黄金，以维持正常的生产和成本呢？

利用期权交易便可为上述问题提供一个解决方法，解决方法中包含很多不同的组合方式，其核心就是利用认购期权和认沽期权的买卖特性。下面提出的例子是一个简单的组合方式（为方便计算，数字只是假设性的）：

举例说，黄金价格处在 250 元 / 克水平，如果金饰制造公司希望在 240 元 / 克时多买入所需的黄金材料，这些黄金需求者可以卖出一个 6 个月后 240 元行权价的认沽期权，收取 10 元 / 克的期权费，万一金价在期权到期时高于 240 元 / 克，金饰公司不会买入黄金，但已经赚取了 10 元 / 克的期权费收入；万一金价在到期时低于 240 元，金饰公司被要求在 240 元 / 克的金价买入黄金，这和金饰公司之前设立的买盘一致，但扣除收到的 10 元 / 克期权费，实际买入成本是 230 元 / 克，此时，买入黄金的成本价还是比不利用期权的买入成本价低。

如果有些金饰制造公司害怕在等待金价回落的时候，金价出现攀升，当金价高于 260 美元时可能会影响他们的成本和利润，此时也可以利用期权交易解决问题，例如买入一个 260 元的 6 个月认购权，这样便等于在金价大升时，手上持有了保障，不管 6 个月后的金价是 265 元 / 克还是 270 元 / 克，金饰公司可以行权以 260 元买入所需的黄金。金饰公司可能会担心买入这个认购权要付出每克 10 元的期权费用，但是他们可以同时卖出一个 240 元 / 克的看淡认沽期权，即可在这笔卖出交易上收到 8 元 / 克的期权费。

为了对冲上升风险付出了 10 元 / 克，但愿意接受下跌的风险就收回了 2 元 / 克，这一套期权交易等于是让金饰公司以买卖价格抵消后的小成本，去保障低价买入黄金。

6.10　黄金期权的投资价值

黄金期权是一种变化多端，拥有多目的用途的投资工具，投资者若能掌握其巧妙之处，对于投资和风险管理都是十分有用的，它的投资价值和优点包括：

买入黄金期权，以有限风险来进行投资

黄金期权的特点是投资买入一个期权，最大的损失和风险便只是这笔期权费用。举例说，投资者在黄金价格 1000 美元时，他看好金价会上升，但他手头上的资金不足以承担买入实物黄金的费用，或是面对以保证金方式入市后的风险，他希望能有一个最大的风险底线。假如他选择以 10 美元 / 盎司买入一个 3 个月的 1100 美元认购期权，当金价上升后，他可以把手上所持有的认购期权卖出平仓获利，万一看错黄金价格走势，结果金价在 3 个月后下跌至 900 美元，他也不用承担（以 100 盎司黄金合计）高达 10000 美元的价格损失。金价下跌了 100 美元，买入期权的投资者只是损失了 1000 美元，从风险管理角度看，这是能控制的价格波动风险。

以少量资金进行投资

以上面的 1100 美元黄金认购权为例，每盎司的价格是 10 美元，以每

一合约 100 盎司为例，付出的费用是 1000 美元，而无须以当时金价 1000 美元 / 盎司 ×100 盎司 =100000 美元的资金买入黄金实物。在计算回报时，假如利润有 2000 美元，100 盎司实金的回报只是约 2%，但如果是期权投资，回报率都是 200% 了，所以期权投资也是有杠杆放大效应的。

利用期权作为风险控制工具

当投资者入市的实际价位不合适时，往往是不懂得风险管理，不愿意去止损，因为一旦止损平仓后，损失就确定下来，即使平仓后的下一秒出现了戏剧性的相反走势，平仓的交易也已完成，这个错误的投资已经覆水难收，无法还原。

如果投资者懂得买入认沽期权来对冲手上的多仓，当价格走势不利于期权时，亦即是持有的黄金仓位出现了有利走势，持有的期权可以不行使权利，而让持有的仓位浮现利润，发挥出期权“在有利条件时便行使、不利条件时也不会再扩大风险”的特性。

期权交易的千变万化

期权交易除了可分为认购期权和认沽期权两大类外，投资者可以买入或卖出，这样变化出四种不同的入市方式和投资目标，而在认购权和认沽权之下，又有不同的行使价位，例如每 10 美元一个行使价，时间上又可按不同需要而定立等。在利用不同时间、不同行使价，投资者可以根据自己对黄金价格上升或下跌的预期，去买入或卖出，甚至去买入后再卖出，来达到自己的投资目的。只要投资者多了解、多思考、多实践，就可以组合成不同的期权投资策略，发挥期权交易的优点。

由于衍生投资工具的创新以及被市场接受度高，衍生工具的推出会对传统的黄金市场有相辅相成的带动效果。以期权交易为例，期权交易在美国期金市场上已经十分活跃，当投资者或做市商要买卖交易时，期金市场又会增添新的流动性。认识和了解黄金期权的运作关系，投资者可以更了解这种能产生市场动力的交易是何时以及如何影响金价的。

6.11 黄金期权价格的计算

期权价位的高低和变化，对以买卖期权来获利的投资者，以及买卖期权作为对冲风险的黄金金矿公司和金饰公司来说都是至关重要的。期权价格是怎样计算出来的？要计算一个黄金期权的价格时，要考虑的计价因素有六种：

a. 期权种类。计价时要先看是计算看涨的认购期权还是看跌的认沽期权。

b. 当时的黄金价格。如果简单理解期权价格的高低为行权的机会高低的话，行使价和市场价格越接近，机会高了期权价格便会越高，但期权分为认购期权和认沽期权，因此它们和市场的关系是当金价上升时，认购期权的价格会上升；而当金价下跌时，认沽期权的价格则是会上升的。

c. 行使价。不同的行使价因为和当时的金价有不同的距离，当然在计算上，越接近市场当时金价的行使价的期权费用会越高。当金价为 1500 美元时，一个 1580 美元的认购期权价格是 6 美元的话，一个同时到期的 1590 美元的认购期权的价格则一定会低于 6 美元。

d. 到期日。在计算期权价格时，要算还有多少天到期失效。越远期的期权，因为金价能波动到或接近行使价的机会越高，因此远期的期权价会比近期的期权价格高。

e. 历史波幅率（Historical Volatility）和引申波幅率（Implied Volatility）。要量度金价能否接近或到达行使价格，除了看这个差距有多大、还有多久到期外，还要多看一个因素，就是黄金的波动能力。因为当金价的波幅扩大时，越反复的走势，就越有机会升跌至接近行使价。要量度不同时期的金价波动能力，就需要用到波幅率的概念。通过统计上的处理，得出一个黄金在过去一段时期的历史波幅率，然后按市场的预期，输入计算上的引申波幅率，便可计算出期权价。越高的波幅率，在计算期权价格时，会得出一个越高的价格。

f. 无风险的利率。所谓无风险的利率，是指美国的国库债券利率。以这个利率来计算期权在资金成本上的效益，利率越高越能显示出期权的资金放大效益，因此，当初利率上升时，计算出的期权价格也越高。

期权价格的计算并不是线性关系，在金融数学上有著名的布莱克·舒尔斯期权定价模型（Black-Scholes Option Pricing Model）来计算期权价格。

布莱克·舒尔斯期权定价模型的计算公式是：

$$c = SN(d_1) - Xe^{-r(T-t)}N(d_2)$$

$$d_1 = \frac{\ln(S/X) + (r + \sigma^2/2)(T - t)}{\sigma\sqrt{T - t}}$$

$$d_2 = \frac{\ln(S/X) + (r - \sigma^2/2)(T - t)}{\sigma\sqrt{T - t}} = d_1 - \sigma\sqrt{T - t}$$

这样一个看起来复杂的微积分方程式，对一个黄金投资者来说是不容易掌握和计算的，幸好在电脑应用和网上信息流通的透明年代，我们随手（在很多交易商和交易所的网站内）都可得到这些计算工具，投资者只要把相关的数字输入，便可得到期权价格，作为参考和入市之用。

6.12 二元期权（Binary Option）真面目

因为期权交易千变万化，加上期权价格的表现和目标资产价格的表现也是变性很大，一般投资者都不容易掌握。因此期权交易商便以简化的包装去推出期权交易。其中有一种称为“二元期权”的期权交易在近年大行其道，特别是应用在场外交易形式的外汇和黄金交易上。

二元期权，英语称之为 Binary Option，Binary 原意是指由两个东西组成的事物，所谓二元在金融交易上的理解就是对和错、升和跌、盈和亏等。二元期权的设计就是让投资者可以用较简单的入市思维和结果去进行投资。二元期权在到期时只有两种可能结果，就是对还是错。二元期权的另一个特点是投资者决定入市时，都是以类似买入期权固定了风险的方式来进行，即使看错后市，损失的金额就是入市时的本金；但同时，即使是看对了后市方向，所获得的利润也是在固定的一个水平，不是随着价格变化的幅度而有所不同。

要同时拥有上述二元期权特点的期权合约其实可以通过有不同期权买卖在内的期权组合而成，期权交易可以通过看好或看淡的价差式期权组合（Call/Put Spread）来达成。但为了吸引投资者进行期权交易，便将期权交易简化成一种定额的投资，让投资者以自己对后市的看法，用固定的金额来持有一个看好或看淡的期权。这种二元期权应该和其他期权一样，在时间上有一个"时间值"的因素去影响价格，原来的二元期权作为对冲风险或投资时，一般的时限都相对较短，可能只是一个月、两个月，甚至是十天八天。

但现时在网上交易平台上流行的二元期权变成像"赌博"一样，跟黄金交易或金融交易搭不上什么关系了。因为电子交易的方便和无远弗届，投资者随时可以在网上和这些黄金交易公司进行二元期权交易。我们可以从几个方面去认识这种二元期权：

第一，这种二元期权已经把看好和看淡的行权核心混合在一起，投资者不用因看好而买入看好期权，或看淡而买入看淡期权，这种二元期权只是让你"投注"在某一价位之上或之下。例如金价是 1250 美元，这个 1250 美元可以看成是行权价，如果你认为期权到期时在 1250 美元之上，投资者便在交易界面上"买入"到期时在 1250 美元之上，或是"买入"在这个 1250 美元之下。

第二，看这种二元投资期权金的收取和利润计算。现时的二元期权是以固定金额来进行的，投资者是以金额多少来买入期权，例如“买入 100 美元的看好期权”，而不是买入多少盎司的黄金看好期权。当二元期权到期时，假如金价在 1250 美元之上，不管是 1251 美元，还是 1300 美元，投资者便可获得固定的 70 ~ 75 美元利润。简单说，当投资者看对便能得到 70 ~ 75 元利润，而看错就只是亏了那最初投入的“注码”。

第三，这种二元期权不是以日和月去算，而是以分钟来算。投资者可以自行决定投资一个三分钟还是五分钟的期权，而期权的行使价不是由投资者另行设定，而是大多数公司都以当时的市价作为行使价，例如市价是 1244.50 美元时，投资者就去买入五分钟后金价应该在 1244.50 美元之上或之下，真的有点像到澳门赌场进行“买大买小”的游戏。

更重要的一点是跟投资者进行交易的黄金公司，根据市场价格的变化来报出一个期权交易价。他们不用报价，因为投资者不是以价格来买入二元期权；他们也难以对冲这些二元期权交易，因为不同的行使价格、不同方向的买入，以及太短的时间，都不能以对冲风险的方式去对冲。这些黄金公司只能站在投资者的相反方，跟投资者进行“对赌”。实际上能保护这些黄金公司的就只是客户盈亏时的数字差别，因为当投资者亏损时，他要亏掉 100 美元，而有投资获利时，黄金公司只用赔出 70 美元。而假如刚好有两位投资者作出不同方向的买入，黄金交易公司便能赚取到 30 美元的利润，真的像赌场“抽水”的盈利模式。

可能有部分投资者认为二元期权是一种有利于他们的投资工具，因为要看透金价在一天两天的变动是有难度的，但要看金价在下一个五分钟内的变化好像有较大把握，即使盈亏的比例有近 30% 的成本，他们认为只要胜算多便能抵消。但毕竟这种变化了的二元期权不能和正宗的期权交易相提并论，也不能突显出期权交易的特性和优点。

对投资者来说，赌博是有风险的，“小赌怡情，大赌乱性”，更要小心的是选择信用和财务实力较佳的公司进行交易，避免多一重信用风险的出现。

第七章
黄金业务运作

恋爱中的两个人总是盲目的，所谓“当局者迷，旁观者清”，面对炫目多彩的黄金小姐，我们需要黄金业务公司的帮助，帮助我们厘清投资中的陷阱和风险。黄金业务公司就像恋爱中的幕后推手，为我们提供各种各样的恋爱建议和小技巧，以助我们一臂之力。

一个黄金市场成功与否，除了投资者的参与外，为投资者提供交易服务的黄金业务公司也是十分重要的一环，因为无论是开户、报价、买卖和结算等多种投资活动的环节都是由提供黄金交易服务的公司所提供。

投资者进行交易所形式的黄金合约买卖的话，这些黄金交易公司只是一个经纪角色，经纪公司只是代表客户到交易所执行指令去买入或卖出黄金合约。经纪公司面对的大部分是客户风险，并不是市场风险。这种黄金经纪公司就像其他证券或期货经纪公司一样，除了提供黄金市场及黄金价格相关的数据和报告外，公司不用制定一些针对黄金投资的流程和风险管理。

假如黄金交易公司提供多元化的黄金交易，例如场外的黄金合约、自营的黄金持仓投资、黄金套利交易和黄金期权等交易时，银行或黄金交易公司就要面对多种问题和风险。但黄金交易是金融投资不可或缺的一环，也能为经营企业带来可观利润，国内越来越多银行都有参与黄金交易的业务。这章节是从多方面和多品种去认识黄金业务的开展及运作，了解不同黄金业务的获利机会、运作方式，并且定立管理相关风险的办法。

7.1 黄金业务的开拓和运营

黄金业务可以简单概括分为中介经纪业务和主营的黄金交易业务。黄金中介经纪活动是指提供黄金交易的代理人或经纪人服务，例如上海黄金交易所的银行类会员、综合类会员和上海期货交易所的期货经纪会员。这些公司在中介经纪业务的收益是获取佣金收入，客户开立交易账户后，通过会员下单也好，或是通过交易所提供的交易系统下单也好，客户必须付出一定金额的买卖手续费，在扣除缴付给交易所的买卖费用后，余下的便是中介代理公司的佣金收入。由于所有会员和经纪公司都是采用相同的接入方式，或利用交易所提供的交易平台，大家站在同一平台上执行买卖指令，因此经营中介经纪业务无须公司本身参与持仓交易，业务方式简单，经营上所面对的风险较少，也较容易管理。

相对于单纯的经纪代理，主营业务实际上是一个做市商（market maker），在报出交易价给客户进行交易后，便会产生一个相反的持仓，从而出现多种风险，价格的波动、银行已有的持仓、客户的买卖数量和方向都会令这些风险出现不同变化。经营黄金主营业务主要是指提供黄金实物买卖、纸黄金买卖的银行或黄金公司。主营是指他们以公司本身作为主体交易角色，向客户报出自己的交易价格，扮演客户交易的对手角色。银行向客户报出场外交易方式的黄金买卖价格，例如100克的黄金实金产品买入价206元/克，卖出价214元/克，客户就是以这个交易价格跟银行进行买卖，买卖关系是建立在银行和客户两者之间。

举例说，银行提供黄金实物的买卖交易，黄金市价为210元/克，银行报出的交易价格是：

买入价：206元/克

卖出价：214元/克

表面上看，客户以 214 元每克的价格向银行买入 200 克黄金后，银行以市价每克的 210 元对冲平仓的话，便能产生每克 4 元的利润，共可有 800 元的交易利润产生。但事实并非如此，因为虽然当时市场价格为 210 元，但交易所的交易单位最少是 1 公斤，就是 1000 克。客户买入 200 克后，银行到市场平仓买入 1000 克黄金，这笔交易在交易所对冲完成后，银行变成多持有了 800 克黄金。假如持有 800 克多仓后金价开始向下跌，这多买进的 800 克便会产生亏损，每当金价下跌 1 元，便有 800 元的亏损。

相反地说，假如银行在客户买入 200 克黄金后，交易员未作出任何平仓交易，银行等于持有 200 克黄金的空仓，当黄金价格由 210 元 / 克上升，这个还未对冲的空仓也同样会产生亏损。

因此，这种主营的黄金业务能不能带来利润受两个因素影响：第一是买卖差价的多少，买卖差价越大，对银行的保障越大，因为等于是利润空间大了，风险也相对地下降。第二是银行交易员在买卖和对冲这些柜台买卖的黄金数量时，是否及时掌握黄金价格的波动。

从投资者的利益看，买卖差价就是投资者的交易成本之一。以刚才的交易价格为例：金价在上海黄金交易所市价是 210 元 / 克时，银行的买卖价分别是 206 元 / 克和 214 元 / 克。投资者如果在 214 元 / 克向银行买入黄金，则金价要由 210 元 / 克上升至 219 元 / 克，银行的买卖价才有机会报出 215 元 / 克和 223 元 / 克，这时投资者把黄金以 215 元 / 克卖出，可赚到 1 元 / 克的利润。这 1 元 / 克的利润背后价格的变化是金价要由 210 元 / 克上升至 219 元 / 克，即是金价要出现 9 元 / 克升幅，上升幅度达 4.3% 才能让客户赚取仅是 1 元 / 克的利润。

随着业务竞争的增加和对冲成本的减少，国内银行的黄金买卖差价已经在收窄。拿香港银行提供的黄金实金交易和国内银行的相同业务作比较，香港银行的买卖价举例是：买入价 9850 港元 / 两和卖出价 9870 港元 / 两，这表示香港银行的实金交易差价只是每两 20 元，以百分比计算，这个买卖差价的成本只是 0.2% 左右，大幅低于内地的实金交易差价。

为什么在相同性质的实金交易业务，香港银行能提供这样细小的交易差价给客户？为什么在相对细小的利润空间内，香港银行仍然能赚取合理的利润呢?

答案有两点原因：第一点是业务竞争，香港的黄金业务竞争环境就是这样，当某一家银行收窄买卖差价进行业务推广，其他银行不得不紧跟其后。第二点是香港银行的对冲方式较多、成本较低，对冲风险和对冲成本的下降令银行愿意将交易差价下调。当一笔这样的实金业务发生后，香港银行要对冲的不一定是一笔以港币定价、每两为单位卖出的黄金实金交易，因为香港银行所能对冲的市场和合约品种有较多选择，他们可以选择任一个在当时较有利的市场进行对冲，对冲后的实金结算有很多方式和变通方法，因而对冲成本肯定比内地的银行低。

根据市场的发展和客户的需求，现时内地已经有提供不交收的纸黄金买卖交易服务，随着竞争和对冲成本的下降，这些黄金产品的交易差价存在进一步降低的空间。

7.2 黄金的对冲（Hedge）和套戥（Arbitrage）

在中国内地的期货交易中，很多时候都会接触到套期保值这四个字，投资者可理解成是指一种单向的对冲或套利交易。举例说，某钢材生产公司，他的生产成本是每吨 2000 元，他的利润要求是每吨 1000 元，他卖出钢材期货的目标价是 3000 元 / 吨。假如某一天，6 月期货价上升至 3200 元 / 吨，这钢材公司便立即卖出 6 月期货以 3200 元成交。交易完成后，再大的波动和变化对他们来说也影响不了，即使钢材再上升至 3500 元 / 吨又或下跌至 2500 元 / 吨，对冲卖出后，价格的波动对于他们来说是毫无意义了。这种套期保值，对冲了，实际上是锁定了价格下跌的风险，也固定了因此而得出的利润。市场一般把这种对冲手上的持仓而固定了风险和利润的交易称为对冲（Hedge）交易。

黄金情话

我和雷曼兄弟

2008年金融海啸最大的一波是美国投资银行雷曼（Lehman）的倒闭，出现了投资银行史上最大一个破产和骨牌效应，其影响延续至今。

雷曼在过去一直有涉足黄金交易，并曾在黄金业务上有过光辉的一页。我也曾是雷曼兄弟的一分子，曾在1989至1991年的3年时间在雷曼香港工作，和一班雷曼的兄弟并肩作战。在雷曼工作的三年，处理了我黄金生涯上最多的实金套戥业务，在高峰期，我所参与的对冲和运到香港的金条曾占了当时市场总量的三分之一。我在雷曼香港工作时，除了处理黄金实物套戥交易多之外，也经历过“名字多”的日子。

我转到雷曼工作时，公司以“时喜雷曼兄弟”（Shearson Lehman Brothers）的名字经营黄金业务。在这之前，雷曼的前身是Shearson（时喜），Shearson被American Express（美国运通）收购，名字首先变成Shearson American Express。当收购雷曼兄弟成功后再改成Shearson Lehman American Express。时喜脱离美国运通后，收购了一家名为Hutton的公司，公司名字便变为Shearson Lehman Hutton。当收购完成并入时喜雷曼后，便抽走了Hutton.，名字又改为Shearson Lehman Brothers。

我离开了雷曼，和一批在雷曼工作过的兄弟加入了由时喜创办人成立的Smith Barney（美邦）工作。有趣的是Smith Barney壮大后，再从Shearson Lehman Brother把Shearson的业务和名字买回来。这才出现Lehman Brothers，到最后便由这雷曼兄弟的公司名字血拼至落幕。

套戥（Arbitrage）交易的关键词是一个“戥”字，戥的字义就是在一个天平的两边去放物件，目的是要两边的重量相等。套戥放在金融交易上，是在两个不同的市场进行一买一卖，两边的持仓戥平了，就是对等，但这种一买一卖的交易目的是要赚取不同的市场或黄金合约以达到赚取两者之间差价的套利活动。

黄金交易中的套利活动常见于跨市场或跨时间的交易，例如捕捉现货金价和期金价格之间出现的不合理差异。举例说，某黄金交易员通过计算，知道 6 月份的期货比现货高出 4 美元，这 4 美元在当时是一个合理的水平。可是，因为市场买卖活动发生不同的变化,6 月期金价格在某些时间比现货高出了 5 美元。交易员认为 5 美元偏离了正常的水平，他主动出击，通过买卖，在市场以 1222 美元买入伦敦现货金，再以 1227 美元卖出 6 月期金，这样他就自行制造了一笔一买一卖后有 5 美元差价的套利交易。

在他完成这一笔套利交易后，期金和现货黄金的差价恢复正常，两种不同金价的差异回落至 4 美元，套利交易员便可作相反的套利交易，做一笔相反的沽现买期交易。因为溢价由开仓时的 5 美元下跌至平仓时的 4 美元，他成功套取了每盎司 1 美元的交易利润。

在这种较短线的套利交易中，最大的风险是溢价变化，因为它是套利交易是否能获利的关键因素。如果现货和期金之间的差异因某种原因再扩大至 5.5 美元时，交易员的套利持仓便会出现账面上的亏损了。

如果交易员实时平仓会出现亏损，他仍可以通过实物结算的方式去锁定这一笔套利的交易利润。在套利交易开仓时，交易员的交易是买入现货、卖出期货：

买入伦敦金 10000 盎司,1222 美元

卖出 6 月期金 10000 盎司,1227 美元

两者的差价就是5美元了。假如以实物结算去锁定利润，在T+2结算日交易员（银行）便要付出1222万美元，收取10000盎司黄金。假设这1222万美元是银行的内部资金或是借贷而来，这笔美元的资金成本就是3%，收取到的黄金可以借贷方式拆放出去，收取黄金所带来的1%收入。

这样一收一付，实际利息成本只是2%，每天付出2%,60天后的总成本就是4美元。因为之前的套利交易是在买入现货和卖出期货时套取5美元的溢价,60天后再作相反方向的结算处理，便能得出5美元溢价减4美元持仓成本后取得的1美元（每盎司）的套利交易利润。

如果套利交易最后能以实物结算的方式去平仓，则套利交易的利润是能预先评估和计算的，溢价的风险就可以用实物结算来作防护。但这并不表示套利交易是没有风险的，接下来我们从几个角度去分析套利交易所面对的风险。

美元和黄金利率的变化

由于期货与现货的溢价变化是由美元利率和黄金利率的净值计算而来，所以第一个风险是能否管理好这两个利率的变化。如果做了一笔60天后到期的套利交易，美元资金或黄金利率是否需要作全期的对冲，还是每天计算？假如是每天以美元的日利率去固定利息成本，过了10天，美元利率上升，交易员付出的1222万美元的成本便上升。同一道理，当黄金利率有所变化时，也会影响到净利率的高低变化。因此在通常情况下，如果是以实物结算来作套利交易，利率要以全期的方式来计算及处理。

黄金头寸的流动风险

第二个风险是黄金头寸的流动性风险。交易员在套利交易完成后，如果他的头寸活动是借入美元、贷出黄金，这样好办，因为美元流通性强，黄金贷出也非难事。但反过来交易员的开仓交易结算是要贷出美元、借入黄金，这笔黄金能否在市场借贷得到？借贷的成本能否固定在预计之中？

就是风险所在。

交易对手和结算风险

第三种风险是交易对手和结算上的风险。在上述这一笔交易中，交易员（银行）的对手不止一个，他们包括：

a. 伦敦金的金商或银行，向他们买入了 10000 盎司现货黄金

b. 纽约的期金交易商，透过他们卖出 100 张期金合约

c. 美元的债务方，向他们借入 1222 万美元

d. 黄金的借贷方，给他们贷出 10000 盎司黄金

在这个四个交易对手中，万一有一方出现问题，便会出现可大可小的问题。举例说，套利交易员能将伦敦结算所得的黄金借给某金商，如果这位金商出了问题，黄金债务到期时不能偿还，交易商的损失便很大。在黄金交易结算时，因为伦敦的黄金结算时间和纽约的美元结算时间有时差，例如在套利交易要平仓时，伦敦现货交易结算的当天要先将黄金实物给交易对手，而稍后时间才知道美元的款项是否收妥，则多增加了一个结算上的风险。

这些黄金套利交易的存在很受欢迎，一方面是它能让套利交易为银行、金商和专业的投资者带来获利机会；另一方面是因为这些套利交易可以说是市场的润滑剂，防止市场的失衡情况持续并加快恢复正常状况。

7.3 套利溢价的计算

一笔套戥的套利交易是否成功？能否获利？开仓时的溢价水平和平仓时的溢价高低是最关键的。交易员在决定要进行套利交易时，要从几个不

同的因素去判断套利溢价的高低和之后的变化。

我们可以把决定溢价高低的因素分为三个部分：

第一，资金 / 黄金的利率和成本变化。期金与现货黄金的理论价差，应该是在现货结算后“将结算责任和成本延后至期货结算时”所出现的成本，如果黄金本身不具有任何利息因素，这个成本可以简单算成美元利率，例如美元利率是 5%，在这段结算日期的时间差内，期金价格就可以说成比现货黄金高出由此而计算出的溢价。但黄金并非毫无金融价值，黄金本身亦有利率因素的存在，假如黄金的利率是 2%，在这段时间内，根据期货的利率因素计算，资金成本便是 5%–2%=3% 了。假如黄金利率比美元利率高的话，美元利率跌至 1%，而黄金利率上升至 2.5%，这个利差便是 1.5% 了，但若利差因素是出现在黄金上，计算上便会有负溢价的产生，就是期金价格会比现货黄金价格还要低。

第二，黄金实物结算的供求差异。因为现货黄金和期货黄金的套利交易不仅是时间上的差异，还有两个不同的结算责任和运作方式，一个是黄金现货市场的结算，一个是期货合约到期后的结算，这个结算责任和行动会涉及实物黄金的结算、运送和转移。由于不同的结算规则和不同时间的黄金实物供求关系，在计算价格差异上便会产生变化。举例说,6 月期金按利率计算出的溢价应该是每克 1.5 元，但 6 月期金现时的溢价只比现货高出 1 元，其中是因为现货黄金市场的实金需求变得紧张，结算中能收取黄金实物的权利便产生了额外的价值，买入黄金、卖出黄金的差价不再是计算出的 1.5 元了，在对实金需求的偏向上，溢价会低于此数字。

第三，不同市场内投资者的买卖兴趣和交易行为。因为不同交易所的交易规则不同，参与的投资者结构和已交易在持仓的投资者组合不同，当金价走势和市场背景出现变化时，投资者对金价的反应和交易行为便会有所不同，这种不同步的交易兴趣和行为也会影响期货和现货黄金间的溢价变化。举例说，上海黄金交易所因为是现货交易的形式，当金价出现急升，在现货市场的交易相对是会变得保守，现货黄金的需求会减少，在这个交易所中参与的投资者在高金价的市况下，买意会有所保留的；但在期货交易所的投资者可能会有不同反应，期货交易是套期保值的工具，金价出现变化向上，会令套期保值变得更迫切，买意不一定会减少，而期金交易因为以保证金方式进行，金价上升也会令持有空仓的投资者入市平仓……等等不同的投资行为便会令期金和现货黄金的溢价出现不能计算的变化因素。

其中，第三点所提到的这些额外的市场和投资者因素，会在市场恢复正常和到期结算时消失，套利交易员就要利用这些因素在期间的变化，在最有利和风险最低的时候建立交易并获利。

7.4 金银借贷（Bullion Banking）

金银借贷是指将黄金和白银当作货币资金一样，以借入和贷出的交易达到处理金银头寸和获取利润。当金商或银行在完成黄金买卖后，在结算日当天会收到或付出实物黄金，因此每天都会产生一个净黄金头寸，例如金商知道在结算日可以收取 20000 盎司黄金现货，同时要付出 5000 盎司，金商在这天的净头寸便是 15000 盎司的长仓。假如金商不进行任何的头寸处理，只把黄金存放在黄金结算银行的户口中，这当然是可以的，但这不能产生任何利润。

市场对现货黄金的头寸是有需求的，金商向银行问价后，若知道把这 15000 盎司的黄金以资金形式借出去，能收取每天 0.5% 的收益的话，金商会愿意把这批反正也是存在银行金库内的黄金借出来收取利息。另一方面，市场上会有其他金商或银行在结算日因客户延迟清算安排，令 ABC 银行持有一个黄金头寸的短仓，银行不能坐视不理，因为黄金的空仓在当天必须要交付，否则便会出现违约的信贷问题。ABC 银行也会查询其他银行的金银借贷利率，当知道从另一银行可以用 1% 的利率借入所需的黄金时，ABC 银行会借入所需的黄金作为当天结算之用。

黄金情话

人工金价换算器

在进行黄金套戥业务时，能否最终获得利润，是要看开仓时的价差与平仓时的价差变化，最终得到的实际差距才是套戥交易在价差上的利润。

在进行伦敦金和九九金的套戥交易时，所有因素，包括金价和汇价都是时刻变动的，两个不同市场的金价差便不停在变化。现时因为有电脑和交易程序的帮助，交易员只用将不同的参数输入，甚至是直接在系统中搜寻，将设定买卖的条件输入电脑系统内，若两地市场的波动差异到达这个差距，便自动执行交易。

回想在1977年进入银行工作时，我们还是拿着算盘作为主要计算工具，即使是一部普通的计算机也只是以部门作为单位配置一至二台。当时黄金部门的主管兼主交易员赵诚安先生不喜欢也不习惯使用计算机，在香港金市开市后，九九金价和美元兑港元两者不停变动时，他的工具就只是一张纸和一把尺。每天早上他自己先计算出一份在一定九九金价和美元兑港元汇价间的换算表，一张纸上写上换算出的二三十个预期在当天汇价和金价波幅内的参考价。当金价和汇价变动时，他用尺游走在纸上的一行列换算数字上，找出大概接近的若干个换算金价，以此作为买卖参考。

可是随着金价和汇价的变化增加，实际的金价变动经常超越他预先列算出的换算表，怎样解决这问题？

解决方法其实是简单保持他的习惯工作方法，每天早上8

时左右，我提早到银行上班，评估一个当天金价和汇价有机会出现的波幅，我先以计算机计算出金价，再以人手方式将计算结果一个一个用打字机打在白纸上。之后将几页打满了换算价的纸交回，让赵先生继续以一把尺来寻找套戥的机会。

我就是每天花近一个小时，右手在计算机上换算，双手在打字机上打出每张纸上近百个换算所得的金价表。我这份人工金价换算和打印工作，除了练就我能快速并准确地按数字键盘外，还锻炼了我对金价和汇价的变动所带来的价格差异的敏感性，这种基本功的训练是可遇而不可求的。

资金形式的黄金借贷就像银行资金市场的“隔夜钱”（Overnight 即过了一个晚上之意）的资金借贷一样，但黄金的借贷不像资金方便，黄金的借贷要通过交易方式来进行。所谓交易方式，是将借入方和贷出方通过买卖交易来完成借入和实现到期时的偿还。

举例说，ABC 银行知道明天会出现一个 15000 盎司的黄金头寸短仓，他向甲银行以 1% 的黄金利率借入 1 天时间的黄金。这笔借入的黄金是以买入方式来反映，买入（借入）交易是：ABC 银行以 1480 美元（当时的金价）买入 15000 盎司黄金存入 ABC 银行的黄金账户内，ABC 银行原来在明天是短仓的黄金头寸变为平仓了。

但因为这笔黄金只借入一天，因此在买入这笔 15000 盎司的同时，ABC 银行会向甲银行卖出（归还）一笔同样是 15000 盎司的黄金交易。ABC 银行便要在后天的结算日，交回 15000 盎司的黄金给甲银行，交金之后便等于将借金动作画上句号。ABC 银行在这一买一卖中要付出 1% 的黄金成本。

这里先假设美元利率为 3%，而黄金的利率也就是 ABC 银行借入黄金时要付的 1%，因为这笔借金是以买入的方式来得到，ABC 银行向甲银行买入明天结算的15000盎司黄金，在明天结算时，ABC银行是可收到15000盎司黄金，但与此同时ABC银行要付出15000盎司 ×1480美元/盎司=2220万美元给甲银行，一天时间ABC银行等于损失了3%的美元资金成本。在计算后天偿还黄金的卖出交易时，要在交易价格计算上加上2%的溢价存在，这样让ABC银行收回2%的一天美元资金收益，ABC银行实际上是付出了3%（美元利率）-2%（一天远期金价溢价）= 损失了1%（黄金借贷成本）。所以正确的一笔卖出（归还）交易是：ABC银行卖出15000盎司黄金，交易价是1480美元 +（1480美元 ×2% ÷ 360）=1480.082美元。

在专业的黄金拆借市场，当大家相互间查询黄金的借贷时，是以远期金价利率的方式来报价，例如上面的一日远期的金价利率（例如2%），而不是只报出1%的黄金利率。在欧美的黄金市场，金银借贷活动是活跃的，但自2008年金融海啸后，因为信贷的收紧，减少了黄金借贷活动的流通性和流通量。

7.5　黄金中立仓

在香港金银业贸易场和上海黄金交易所的交易中，有一种交易活动称之为"中立仓"。所谓"中立仓"，简单说，它是一种套息活动，以"中立"为名，是因为"中立"二字可清楚点出这种套息活动的另一个特点：这种交易的性质并不偏倚某一方，而是"中立"的；他们的另一持仓特性也同样是"中立"，就是并不是持有一个看好金价的多仓，也不是持有一个看淡金价的空仓，整套交易合起来是一个中立仓，金价升跌无损他们"中立"的角色，不会因金价的波动而出现盈或亏。

以"中立"之名又要有赚取利差之机会，手上必须拥有两种东西，一是黄金，一是资金。当黄金市场因黄金的供求或资金的供求出现紧张或不平衡时，产生黄金和资金间的息差（收益）就会吸引他们的参与来套取这个利润。黄金市场亦因中立仓的出现缓解市场上这短缺资源的紧张，中立仓的产生和出现可以说是制造出双赢局面。

在上海黄金交易所的交易规则清楚写明黄金中立仓的产生和交易规定，我们先从上海黄金交易所的中立仓产生过程来认识这种套息交易。

上海黄金交易所买卖的黄金合约全是实物金结算的黄金品种，买卖双方在结算时一定要以实物金的方式来结算，在这情况下衍生不出黄金中立仓。但在可延期交收的黄金交易中，因为做买卖的任何一方都没有一定的结算责任，不需要在一个规定的时间或日期去完全结算责任，买卖的黄金合约只是一种持仓。但不同目的的黄金交易在完成后，买卖方都有机会因自己的需要而在某一天提出结算要求。例如买方可提出结算要求，收取黄金实物；又或卖出黄金的一方，例如金矿公司，在黄金生产和铸造后，提出交出黄金收到资金的要求。在所有的黄金延期交收的交易进行时，买卖方各有其目的，而交易完成后的持仓和处理也不尽相同，因此，这种延期交收的黄金持仓在提出实物结算时，供求是会出现错配和失衡的。

例如黄金价格在 2013 年 4 月中大幅下跌，实物黄金的需求大增，原来买入黄金延期交收的持仓者提出收取黄金的要求，但这段时间卖方可能是因金价的技术走势向下而卖出黄金交易的投资者，无论持有多仓的怎样提出要求，持空仓的可以不理睬，或是没有能力和动机去交出黄金。这时候，持有多仓而希望收取到黄金实物者，只能寄望有第三者的出现，就是黄金中立仓来交出黄金，满足这部分买家的需求。

中立仓是指为了获取延期补偿费而参与实物交收时生成的持仓，上海黄金交易所的中立仓产生和申报规则中说明，当交货申报量与收货申报量不相等时，市场通过中立仓申报调节实物交收的差额。当交收申报的收货量大于交货量时，客户以交实物的形式进行中立仓申报，交货成功后，按当日结算价生成相应的多头持仓；当交收申报的交货量大于收货量时，客户以收实物的形式进行中立仓申报，收货成功后，按当日结算价生成空头持仓。这些规则说明中立仓可以以交货，交出黄金的方式而产生；又或是以收货，收取黄金的方式而产生。交货成功后便得到多头持仓，收货成功后得到空头持仓。

举例说，某一天，因为在申报交收时间内，提出收取黄金的有 100 公斤，而交出黄金的只有 60 公斤，因此需求的差额有 40 公斤，于是在中立仓的申报时间内，银行提出了交出 40 公斤的申报。当申报中立仓成功后，银行在交出这 40 公斤后，便会产生一个多仓。银行持有这个多仓后，因为正常的申报时段内需要黄金的数量较大，因此延期补偿费的方向是空付多，这个多仓便让银行可以收取到折算为 7.3% 的黄金延期补偿费，就是这补偿费的收入吸引银行去进行中立仓。

在金价波动升跌时，中立仓仍可保持中立，不受金价波动影响。举例说，有银行以收取黄金的申报去建立中立仓。收取黄金后，在上海黄金交易所便产生一笔空仓，这既然是一笔持空仓的交易，金价上升时，这个空仓不是会出现亏损吗？

仅看交易所账户内的数字，是会看到当金价上升时，交易所的账户出现了浮动亏损。但不要忘记的是，进行这个中立仓交易的银行，拿出资金后，收取了黄金资产，假如金价上升，交易所账户内的亏损，是可以由银行之前手中的黄金资产出现相同的升值而完全抵消。无论金价之后是升是跌，一负一正，一升一跌，永远就是相互抵消，金价波动完全不会为银行带来任何损失或额外的利润。

当黄金的供应处于一个紧张情况时，每天申报收金的数目比交金的多，补偿费的方向便是空付多，这时候利用中立仓来套息的吸引力更大，因为中立仓能套取的不仅是在交易所产生多仓后的补偿费收入，中立仓还可以将交出黄金所得的人民币资金拆借给别家银行，再赚取资金的利息收入。

7.6　黄金中立仓的风险管理

中立仓一方面可以套取息差，一方面又不怕金价波动带来损失，这中立仓是否真的毫无风险？中立仓建立后要怎样评估和控制有可能出现的风险呢？

内部资源流动性风险

不管银行所建立的中立仓是多仓的还是空仓的，要建立这个中立仓最基本的条件就是黄金或资金。第一点要分析的是黄金和资金的来源，是银行本身的资源？还是要从别的来源借贷而来？银行拥有大量资金，资金的运用规模庞大，利用建立中立仓的资金只占总流动资金的一个小比例，因此资金的流通性风险较小；但如果是以黄金来建立中立仓，将手上的黄金资产交出，但黄金的流通性较低，市场上的供应变化很大，建立中立仓以后要面对的第一个风险就是短时间内要套回原来的资金或黄金有可能出现困难。

当市场存有失衡状态时，中立仓的参与正好调整缺乏的一方，例如市场缺乏黄金实物，银行以申报交金的方式建成中立仓。如果这种不平衡的情况未有改善，当银行因需要而想在市场收回所交出的实物黄金时，不一定能够在申报交收时段成功收回，这会令银行面临流动性的风险。

交易所追收保证金风险

中立仓有可能面临的第二个风险是交易所追收保证金，在资金运用上产生了不明朗的风险性。虽然中立仓的总仓是一买一卖，一多一空的配搭，金价的波动不会产生实质的影响。但在交易所交易账户上，银行因中立仓而产生的持仓，从交易结算的角度看，是和其他投资者因买卖而产生的多仓空仓没有分别的。

举例说，银行在中立仓申报时，成功收取了 50 公斤黄金，建立了一个的中立仓空仓，按上海黄金交易所规定，以当日结算价冻结生成相应持仓所需的保证金，这是第一笔要付给上海黄金交易所的保证金。假如金价由结算价 300 元上升至 310 元，持有空仓的账户便会出现 50（公斤）× 10 元 / 克 =500000 元的浮动亏损，在每天的结算后必须要缴付。因此，银行需要明白用于中立仓的资金不只是收取黄金时所需的资金，它还包括持（空）仓所需的保证金和之后按市场价格波动要补交的差价和额外的保证金。

7.7　黄金租赁（Gold Leasing）

金银借贷业务的操作方式是以买卖交易方式进行，在结算时处理借入或贷出的黄金和白银，从操作和处理上看，是跟外汇市场中的货币头寸借贷类似。假如只是企业或个人去跟银行借入单纯的实物黄金，处理的方式便有所不同。这种不是以交易形式处理的黄金融资业务称为黄金租赁（Gold Leasing）或黄金贷款（Gold Loan）。

针对个人及黄金产业，国内银行都相继推出黄金租赁业务。这种实物黄金的租赁业务就是让客户可以用承租人的身份，以及银行以租赁的方式取得实物黄金，然后按所使用的时间，计算要付出的租赁费用并向银行缴付，之后在到期日向银行清还欠金。

有了这种黄金租赁服务，产金企业或用金企业都可以用黄金租赁的方法来取得黄金以此作为融资活动。黄金租赁和黄金借贷一样，借入黄金的企业可以利用借入的黄金来应付日常的经营需求对冲交易的结算。产金企业将借来的黄金在预定的价格卖出后，取得的资金可作为生产之用，将来生产出的黄金可作为还金之用。用金企业可以把黄金作为材料之用，不用先在市场买入，避免直接买入后要面对的价格风险。

以工商银行所推出实物黄金租赁业务为例，银行所租赁出的黄金实物是指在上海黄金交易所挂牌交易和交割的标准黄金金条或金锭，包括成色是99.99%，标准重量为一公斤的金锭。客户取得金锭后，便可马上作为材料制造黄金首饰。银行会根据承租人生产和经营周期来定出一个融资期限，时间不超过12个月份，在最后的到期还金日归还。

为减低运作的风险和成本，银行会要求这些黄金租赁服务必须通过上海黄金交易所的系统进行。客户因租入黄金而在交易账户上产生的空头持

黄金情话

阿爷的力量

现时香港市民习惯了把居于幕后的中央政府戏称为：阿爷，意思是有实力的幕后影响人。

对于“阿爷”这个称号我倒不陌生，因为1977年刚入银行工作时，当时作为银行黄金交易分支机构——宝生金号，就是被金银业贸易场内的行员称之为“阿爷”。

因为当时宝生金号一方面是背靠祖国和整个中资银行机构的黄金业务代表，在金融市场上的力量当然非同凡响；另一方面是因为宝生的黄金交易量相当大，买卖的交易经常能够推动金价波动，因此当我们的出市员在金银业贸易场内进行交易时，场内的报价员纷纷以电话通知公司，大声叫喊：“阿爷买入……”“阿爷卖出……”。

当黄金交易频密，场内叫价和交易声音此起彼落时，金银业贸易场的出市员都是以手势来通知站在远处的报价员，他们的手势可以报出最新的价格、买入或卖出方向、买卖盘的数量和成交资料，甚至是以手势来报告哪家行员在进行交易。要报出“阿爷”在交易时，他们会用手指在嘴唇上方一拨，做出嘴上胡子的意思，有胡子的便是“阿爷”了。

仓，可在租赁期间进行对冲交易时，透过上海黄金交易所的会员进行，假如客户本身的企业已经是上海黄金交易所的会员，他们在处理交易时更为方便。

银行向承担人收取的黄金借贷费用是按黄金租赁的重量，根据一个计费定价盘先行定出租赁黄金的总金额，这个计费定价盘是黄金交付日前一日，该种黄金实物金所对应的黄金交易品种的收盘价格；计出金额后，按银行要求的每日黄金租赁费率乘以租赁天数，便可得出客户要承担的黄金租赁费用。黄金借贷的成本也可视为黄金价值的成本，当黄金的借贷利率上升时，一方面表示黄金的需求，另一方面也表示黄金价值的上升。

7.8 远期黄金（Forward Gold）的交易和结算

国际现货黄金交易是指在交易日后的第二天要在伦敦进行结算的买卖，而黄金的远期交易则是在黄金现货的买卖基础上变化出来的。买卖后的结算原来要在结算日当天进行，但假如某金矿公司跟银行或金商进行了现货交易后，例如在 1421 美元卖出 8000 盎司黄金，可是在交易日后该金矿生产公司才发现因生产问题不能在 T+2 进行实金交割。这时金矿公司可以要求将 T+2 交收的黄金交易延期，金矿公司可要求银行将刚才卖出的以 1421 美元成交的 8000 盎司黄金交易，由 T+2 到期转为 60 天后才进行结算，金矿公司到时才需履行交割责任，交出黄金，收取美元。

银行将原来的现货交易结算日推迟到日后的日子，这种结算日在远期的交易可以称之为远期交易。远期交易因为结算日在将来，价格的计算因素和方式与期金相似，只是期金有一套交易的标准规格，而远期黄金交易可以说是量身定制的。

远期黄金交易在实物黄金的交易上经常出现。在交易时，因为现货市场的流通性和成交效率高，客户都先以现货市场的买卖价格成交，完成交易后再要求将这笔交易推迟到一个远期日子作结算。

通过远期价格计算公式，银行会报出一个远期的溢价，例如：

1421 美元 × 远期金价利率（例如 2.5%）÷ 360 × 60=5.92 美元

黄金情话

金马桶的金从何而来？

“金至尊”原本是香港珠宝金饰业中的一个品牌，它最为人所乐道的是一个用纯金打造的厕所和金马桶，就是凭这金马桶，曾每天吸引成千上百的国内旅客参观，当然也为金饰店带来可观的金饰销售业务。

但2008年金至尊的创办人因意外离世，作为金至尊控股公司的恒丰珠宝公司迅速陷入财政困难，其中包括被银行追讨一批价值2400万港元的金条，当时银行向外宣称这批以借贷形式借给恒丰珠宝的金条失去踪影。

这家借出黄金予金至尊的银行说未能发现借出黄金的踪影，这个说法是很奇怪的，因为金至尊向银行借入黄金后，不可能原封不动的把黄金放在金库，借来而原封不动的黄金是得物无所用。金至尊应该是在收到黄金金块后，要么就是把它变成金饰的材料，要么就是拿来打造成金马桶。

正是“要问黄金哪里去？何不先看金马桶？”

银行便会把原来的现货交易改为：成交价格1426.92美元，这1426.92美元便是在60日后才要结算的黄金远期价（Gold Forward Price）。

远期黄金的利率和报价

上面的远期交易例子中，我们可以得出一条简单的公式，就是：

现货黄金价格 + 现货金价 × 远期金价利率 = 远期黄金价格

这个黄金远期（Gold Forward，GoFo）的利率（Gold Forward Rate）是计算远期黄金价格的一个要素。它实际上是由两个利率计算后产生的，一个是美元利率，另一个是黄金利率，这两者的关系在前面的章节已经提到。因为在黄金结算的处理上，黄金和美元是两种资金成本和收入关系，银行会先计算当时的美元利率，例如：这笔推迟 60 天后才结算的交易中，银行等于节省了 60 天的美元资金成本，但同时要付出 60 天的黄金利率，来处理这本来要现货结算的黄金交易。

假如美元 60 天的利率是 4%，而黄金 60 天的利率是 1.5%，银行便会按它能收到的利差（4%–1.5%=2.5%）来计算一个远期金价，所以上面的计算公式是采用 2.5% 作为黄金远期价的利率来计算。

这个 2.5% 的黄金远期利率和黄金期货计价中的利率是同一数字，只是远期黄金的结算推延一般都是以月份为期，例如是 1 个月、2 个月、6 个月等，而期金的计价是从现货结算日起计算至期金的结算日，这个日子是天天在缩减的。

有了这个黄金利率，亦可以反过来推算出这段远期日子的黄金利率，也就是黄金借贷的最基本利率：黄金远期 2.5% 是由美元利率 4% 减去黄金借贷利率 1.5% 得出。

2.5%=4%–1.5%

美元利率是可以清楚知道的，假如是 3.75% 时，我们看到银行报出的 3 个月黄金远期利率是 1.5%，我们便可推算出这段 3 个月的黄金利率是 2.25% 了：3.75%–1.5%=2.25%。

第八章
黄金价格的倩影

都说“女人心，海底针”，古灵精怪的黄金小姐实在难以捉摸。我与黄金恋爱 40 年，仍在她千变万化的情绪波动中摸索，她开心时活蹦乱跳，不开心时亦是活蹦乱跳，影响她情绪的因素太多，如何才能成功瞥见她美丽的面容呢？

黄金投资犹如恋爱，其中没有绝对真理。我经常碰到投资者发问同一个问题，就是：什么原因最能影响金价的高低波动？我们知道绝对的真理是不存在的，同一道理，投资者也要明白：简单的一个答案并不可能存在。

黄金因为同时兼备了商品和金融的特性，它的价格波动因素错综复杂。但作为一个投资者，不摸通黄金价格的波动因素和规律，就不可能在投资上有所获利。黄金价格的波动是由市场以及投资者的一买一卖所决定。在这一买一卖的交易中，双方有不同目的和动机，买卖前的价格走势和买卖后的价格波动其实就是由这些人为因素在市场和其他基本因素的相互影响下产生，也就是一种博弈关系下的波动。

这章节我将与读者分享我从事黄金业近 40 年，所积累的对金价分析和预测的一点心得，传授我如何从不同角度去跟随这位令我心仪的黄金美女，从而成功跟踪和捕捉到她的美丽倩影和价格走势。

8.1 影响金价的因素

在近 40 年的黄金生涯中，我总结出能影响金价升跌的因素，主要可分成三大类型，分别是：

a. 实质因素：

黄金的生产和供求情况。

b. 市场因素：

一些因买卖活动而令金价变化的原因。例如期货市场中，未平仓合约数字的变化、期权交易到期或到价时的对冲活动，以及不同市场的套利活动产生的市场动力等。

c. 技术因素：

因为金价的波动在变化，在技术走势上的形态和动力也会发生变化，当投资者发现这些买卖讯号，并依据其作出选择时，也会影响金价的波动。

实质因素的影响

在上述三种因素中，实质因素可以说是最基本的，因为供求关系对黄金的价格高低必定会产生影响，但实质因素的影响力时间长且慢。

较明显的一个基本因素变化是自 2000 年开始，中国投资者可以自由买卖金块，这种投资需求一定会令黄金的供求状态有所改变。另外，这十多年间所出现的黄金供不应求状况，令金价出现了明显升幅，甚至创出了历史高位。但我们不能只拿黄金供求的数据作为入市理由，即便在供不应求的情况下，金价也并不会直线向上，因为其间的波动并不是由供求情况的变化而产生的。

黄金实质因素的供求情况只能产生一种市场环境的作用，即使黄金供不应求，我们也只能因此而判断它是处在一个有利金价上升的平台之上，但金价的波动变化却更容易受市场因素和技术因素所影响。

市场因素的影响

市场因素在分析黄金价格上是很重要的，投资者要认识和了解这些市场因素，掌握不同的市场因素影响金价的原因，以及在什么样的市场背景下才会出现。金价对市场因素的敏感度较实质因素高，例如当金价向上大幅波动后，美国期金市场的未平仓合约数字却大幅减少，市场的解读会认为金价在高位承接力不足，金价有回落机会，而金价确实会受这一因素的出现而受压下跌。又或是当美国期金价格与伦敦黄金现货的差价（EFP），因黄金利率的上升而明显缩减时，黄金远期持仓的成本会因而减少，这也可以刺激买盘入市。但市场因素的作用持续性时间长短不一，有些因素可能只会在即市的交易上发挥影响力，但有些却可能在未来几天甚至几周内持续发挥影响力。

技术因素的影响

技术因素可以对所有投资工具的价格产生影响，技术因素并不是单独评估或分析某一种投资工具，技术要分析的其实是投资者本身。通过技术分析，可以看在怎样的价格走势下，投资者作出了什么投资动作，从而又将会作出什么投资买卖。投资者将分析出的结论再反过来作为入市的理由时，这股市场动力会将价格走势推向较为有迹可循的模式上。

技术分析工具并非只有一种，而不同的技术分析工具或应用方式，有时候会产生互相矛盾的讯号。举例说，形态分析的图表中的金价变化形成了一个上升三角形走势，金价有可能因此而上升；但同样的金价走势，可能运用黄金比率分析时，却可能发现这个升势其实是现时金价走势中的最后一个上升顶位，未来金价可能向下。不同分析工具导致的差异，甚至是矛盾常在中、短期不同技术形态和趋势上出现。

投资者在分析黄金价格走势时，应该综合运用长、中和短期的分析方法，先寻找长期的实质因素，再配合在中短期能够发挥影响力的市场因素，最后是根据最新形成的、作为短线分析和入市的参考。以这种三层的分析方法，能够较为客观和理性地分析和预测黄金价格的波动和走势。

8.2 黄金价格的波动特点

若要简单形容黄金价格的波动特点，可以用“快”和“大”两个字。

假如黄金只是一种商品，它的价格波动主要受实质的基本因素影响，参与买卖的交易也会是以实质的供求为主，因此价格波动幅度相对较小。但由于黄金的金融性特质，在买卖交易的形式上具备了金融投资工具的特性，也就是波动速度快的特性。

黄金价格波动之快，有时候可能 10 分钟前金价还是 1500 美元（一盎司），10 分钟后金价已上升至 1550 美元，升幅超过 3%。2013 年 4 月 12 日金价受技术看淡和市场情绪不利等原因影响，在两天时间内由 1565 美元下跌至 1335 美元，跌幅有 230 美元之多，下跌幅度便达 14.7%。

金价波幅之大，可体现在长线波动或短期波动上。在长线波动上，金价在某一时间区域内的升幅可以很大，例如在 2011 年 9 月初，金价升至当时历史最高位 1921 美元，这个升势如果从起点算起是从 2011 年 7 月初开始，当时金价只在 1480 美元的水平，即金价在 2 个月时间内上升了 441 美元，升幅有 29.8%。

面对金价波动的“快”和“大”，投资者要懂得风险管理，不要令自己被市场快和大的波动所覆盖，更要懂得利用买卖限价指令盘和止损盘等风险管理手段来捕捉金价波动所带来的机会。

金价还有一个波动上的特性，就是即使金价走势已发展出方向，但金价的波动不会是直线的向上或向下，期间也会出现很多反复震荡，投资者很多时候就是被这些反复的价格波动吓怕了，从而影响了原来的入市和平仓计划。

黄金情话

饮料的智慧

在早年的黄金生涯中，我还是一个新人时，当然每次出席行家的饭局都只是陪坐，请酒敬酒的都是那些主管和老板，我们一班年轻的只饮非酒精类的饮料，也就是广东话所说的“汽水”来代酒，但我们在点饮料时也会半开玩笑半认真的去考虑当时要喝哪一种?

那些场合，“汽水”就只两种，一种就是“可乐”，另一种就是“七喜”。我们之所以要有饮料的智慧，是因为“可乐”的“乐”字在广东发音和“落”（就是下跌的意思）一样，而“七喜”的“喜”字广东发音和“起”（上升的意思）相同。因此当我们知道那天主管是看好金价，在吃饭时还是持有多仓的，我们便不会说来一瓶“可乐（落）”，假如老板抛空了，当晚我们也不会放“七喜（起）”在桌面上了。

当然，黄金价格走势总不会因我们的“喜”和“乐”就跟随起落，但总算是个茶余饭后的话题来让出席饭局者发挥一下。

最后再说一个金价走势上的特性，就是在银行工作时，前辈们经常挂在口边的一句香港的市场俚语：“十个牛皮九个淡。”

所谓“牛皮”市势，是指金价波动不大，价格走势如牛皮一样没有弹性，也就是没有波动，很多情况下（十居其九），金价走势会发展成价格偏淡向下的局面。

造成这个走势特点的主要原因是黄金持仓成本，如果金价进入了牛皮局面，短期没有上升机会和空间时，持多仓的黄金投资者会考虑平仓，而抛空的投资者因为有机会收取空仓的延期结算费用，因此对沽空或已持有空仓的投资者来说是较为有利的，金价因而容易下跌。

8.3 黄金图表的时间性

图片分析可以作为分析黄金价格走势和作出价格波动预测的工具，不同类型的价格走势图则可以运用在不同的分析方法上。

月线图，就是以每一个月为时间单位，一条点线图代表一个月的时间，最高点是当月最高位，最低点是当月最低位，最后标示出该月收市价。但是月线图的时间太长了，一条线就代表一个月的价格资讯，当月的所有波动和变化都被隐藏了，以不足够的讯息怎能去分析和预测未来价格的变化呢？因此月线图只是运用在较长期的走势变化中，评估未来一段以月为时间单位的金价趋势。

同一道理，周线图是以每周价格为显示单位，将该周的金价高低和变化提示出来。虽然周线图可运用在以周为时间段的金价走势分析，但对于天天在变、时刻在波动的黄金价格走势来说，周线图的分析结果，未必能发挥最好的效果。

黄金价格的走势更是时刻变化，我们不可能期望准确判断金价在未来一个月或一年的走势。若日线图分析出的走势预测能应用在未来的 3 到 5 天的话，就已经是十分了不起了。投资市场瞬息变化，以投资性买卖黄金为主的投资者，希望掌握金价在未来的波动走势的话，以日线图作为技术分析工具便足够了。日线图的时间性刚好，可以得到每天金价的变动情况和走向。图表的分析可以科学地说成是一种统计学，收集数据，整理和分析后便有一个结果的分布，以此来帮助我们预测下一个结果的出现。

技术分析上还有些是利用更短的时间坐标的分析图,1 分钟的、5 分钟的、10 分钟、15 分钟的等等走势图，在电脑和技术分析软件的支持下，这些时间坐标短的图表都能轻易完成。但 1 分钟和 5 分钟的因为时间太短，结果投资者只能看到一张像心电图上下波动的价格走势，市场中的动力、支持和阻力是不明显的。至于 30 分钟，或 1 小时的图，能够引申出未来几小时的预测，因此产生了紧贴市场的作用。如果是短线炒卖的投资者，10 分钟图是可以有效运用起来的。

最后要说日线图的“日”字意义，日线图的一日时间性是应用在短期（例如未来一二周）分析的合理长度。但日线的日字应该如何去定出呢？黄金市场的交易时间不像股市，例如 A 股的交易是由上午 9 时 30 分开市，在下午 3 时收市，以日线图画 A 股的价格变化时，一日的开始就是交易时间的开始。但黄金交易是 24 小时的，如果以现货市场的价格去画图时，伦敦黄金的一天交易时间是算北京时区还是伦敦时区呢？

我们要以一个完整 24 小时的价格走势，才能分析一个能在未来 24 小时作用的黄金价格走势，因此在时间上不能遗漏任何一个黄金市场。现时一般在网上找到的价格走势图是以亚洲地区作为一日的开始，直到美国市场的最后结束，在翌日交易开始前为一个完整交易日。

8.4 技术分析的应用

当一张日线价格走势图放在投资者面前，他应该怎样运用这一张图表呢？图表画出后，它不能自动告诉你一个简单和既定的分析结果。不同的技术分析方法，会采用不同的分析理据和推论方式，从而得出不同的预测结论。从黄金价格过去的表现和黄金市场的技术走势特点看，一条简单的支持线或阻力线已经可成为其中一种有效的分析方法。

a. 支持线

支持线的勾画方法很简单，就是在近几个月的价格走势中找出两个或以上的低位，把它们连成一条直线。这条由低位连成的直线称之为支持线，意思是金价在未来一段日子里，价格走势应该在这条线之上，它是发挥支持金价在上面波动的作用，故称为支持线。

b. 阻力线

阻力线的画法和支持线刚相反，它是由两个近几个月来的高点连成一直线后产生的，这条阻力线出来后，可推论出金价会在这直线之下波动，是一条压抑金价上升的阻力线。

我们要选定的是画制支持线 / 阻力线时的时间长短，因为支持线是取两点或以上的低位，而阻力线是选两点或以上的高位，但在不同时间长短内画出的线会有所不同，例如在 3 个月的日线图画出的支持线 / 阻力线有可能和由 6 个月的日线图找出来的支持线 / 阻力线不同。

以过去的经验看，日线图可先以 6 个月的时间图表来寻找支持线 / 阻力线，如果找不出能连接起的高 / 低位，时间可再推前 3 个月，即在 9 个月时间的日线图中来寻找。

假如金价的波动大，或已经大幅离开在日线图上的支持线 / 阻力线时，我们可在周线图，甚至月线图上去放大时间区域，希望在较长的时间空间上能找到较为实质的支持线 / 阻力线。但要记住在周线图或月线图上所找寻到的支持线 / 阻力线，其作用是针对未来以周计或以月计的金价走势，把它作为日市的买卖参考时，要留意它所产生的作用时间性较长，速度也会相对的慢。

支持线和阻力线的运用

支持线和阻力线的画线方式很简单，当支持线或阻力线被画出后，我们可以简单评估现时的价格走势是在支持线 / 阻力线的上方或下方，从而找出目前的金价是在上升或下跌的趋势中。

支持线 / 阻力线并不能随时随刻给黄金投资者一个入市讯号，有时候金价的走势与支持线 / 阻力线画出后，它们所在的价格空间和最新的市场价格有较大差距，这时候支持线的效果只是一种市势的反映，不能以此来制定具体的入市价位和策略。

当金价走势与支持线 / 阻力线相交，出现突破时，这个突破讯号是一个入市讯号，投资者会以此作为入市依据。

8.5　经济数据对金价的影响

经济数据对金价所发挥出的影响力，不完全是因为在经济理论上能分析出黄金价格的走势和发展。在大多数的情况下，经济数字只是“被分析”成投资者的买卖理由，又或是用来解释市场情绪的情况和变化。这种市场情绪产生的动力去向，其实与技术指标的讯号出现后所产生的市场动力去向的方式是相同的。

因为篇幅所限，这里只抽出全球经济体系中，最有代表性和最能影响金价的几项经济数据作为例子，让黄金投资者认识这些数字，明白它对金价的影响。这些经济数据也是有潮流性的，在不同时期的经济局面和市场环境下，市场会将焦点放在不同的经济数据上。

美国的就业数据

美国的就业数据，主要看非农业新增职位数字、美国的失业率、首次申请失业救济等。这些数字是从美国的就业 / 失业情况去推论出美国的经济活动有没有改善。美国就业数据对金价的影响力以前是较为直接的，即失业人数多，表示美国经济不好，美元汇价将受影响下跌，美元下跌便支持了金价上升；但有时因市场情绪和焦点不一样，同一个不好的就业数据，会推论出经济不好，从而影响了黄金的需求，反而产生金价有下跌压力的看法。

2012 年和 2013 年间，美国实行了第三轮的量化宽松货币政策，但实行期间传出当美国经济好转时，联邦储备局会减少买债行动，甚至会提前停止这第三轮的量化宽松政策。于是市场便将美国的就业数字看成是美国经济情况的探热针，当失业人数多时，投资者便推论在美国经济不好的情况下，联邦储备局不会刹停量化宽松政策，较高的资金流动性会支持金价。

美国消费物价指数

黄金价格一直都和通胀率有很密切的关系，当人们预期通胀率有明显变化的可能时，大家都会把眼球投向所有和通胀有关的经济数据，例如消费物价指数和批发物价指数等，其中消费物价指数因为对民生影响较大，通胀的感觉较强，市场便会以此作为观察通胀的对象。

假如最新公布的消费物价指数上升，解读的方向是要分析通胀是否来临或上升了，如果数据引申出通胀加温，金价将会受刺激被推高。但消费物价指数有时会被引用来观察另一相关事件，即利率的去向。在 20 世纪 80 年代初，当时欧美国家的通胀率都达到 20% 甚至以上，提高利率的加息动作是当时压抑通胀的手段之一。因此，当消费物价指数公布出的数字是上升时，市场的推论是利率可能要提高以此打击通胀，当然提高利率对金价的影响是负面的，产生令金价下跌的压力。

美国的贸易赤字

美国多年来已经是一个“双赤”国家，就是国家整体上的贸易情况是“入多出少”，贸易进口大于出口。美国外贸数字上是赤字，美元不断流出到贸易进口国；而政府的财政收支数字也是入不敷支，政府收入少支出多，因此出现了财政上的赤字。这两种赤字称之为“双赤”，双赤问题的存在或恶化最直接打击的就是美元汇价，因为美国要不断向别国付款，国家不断举债或印刷钞票，导致美元的价值下跌。

贸易赤字最容易观察到美元的流出情况，而这数字会对美元汇价有所影响，黄金投资者要分析和预测的就是如果这数据支持了美元汇价，金价会受到压力，如果这数据打击了美元汇价，金价从这一意义上是会受到支持的。

美国经济的指标数据

要制定和统计出一个能直接反映美国整体经济活动的数据是十分困难的，金融市场大多以下列几种不同的数据作为美国经济状况的反映。

a. 领先经济指标：这是由美国的商务部和经济分析局将一系列的指标数字加权计算出来的，每个月公布一次，所谓领先是指它对美国经济局面的变化有预告性的显示作用。

b. 芝加哥采购经理人指数：该数字是反映制造业在生产、订单和价格等多个方面的情况，数字是以百分比来表示。解读的方式很简单，当指数高于 50% 时，预示美国制造业在扩张，经济状况较好，当低于 50% 时，越低的数字表示美国经济放缓，甚至有经济衰退的隐患。

c. 美国联邦储备局的会议记录：美国联邦储备局是制定和执行美国金融政策的最高权力机构，可以说等同于美国的中央银行。金融市场所关注的是联邦储备局每次会议后所发表的会议记录，希望能从中摸索到联邦储备局的思维和行动。黄金投资者对美国联邦储备局的会议记录很关注，一些用词、说法和数字，都会被放大，作为分析联邦储备局未来在利率政策和货币流通上的蛛丝马迹，同时以此来推测金价的变化和动向。

中国的经济数据

无可否认，美国的经济局面、美元利率的高低和美元汇价的强弱都能对金价产生影响。虽然中国身为全球最大的黄金生产国和黄金消费国，同时是全球第二大的经济体，但中国的经济数据并没有对黄金市场或黄金价格产生持续性的影响。

但黄金投资者仍要对中国经济进行关注，特别是在黄金消费和需求上，假如市场上出现了某些因素，而这些因素将明显影响黄金需求的话，也能帮助投资者分析黄金市场的供求变化。

举例说，由2011年开始，中国政府对国内通胀情况十分关注，刻意要控制货币流通量来压止通胀。那时候黄金市场对中国的消费物价指数十分留意，希望从数字的变化，察觉最新的通胀情况，以此引证政府的控制是否有效，分析政府是否会再加大力度，收紧货币流通性，从而因资金收紧影响了对黄金的需求兴趣。中国的经济活动和资金流通被收紧的话，这对黄金需求会产生负面影响；反之如果看到通胀情况有改善，资金紧张情况开始放松，对金价还是会有支持的作用。

市场预期和实际数字的差异

虽然前面列出了几种能对金价的波动产生影响的不同类型经济数据，但我们不能很简单的定出一个数字，指出在这数字时，金价会受到怎样的影响；这除了是因为经济背景的转变会改变数字的性质外，投资者也要留意市场的预期和实际的数字这两者间的差异关系。

举例说,3月份美国的失业率为4%，新公布的4月份失业率是5%。投资者不要简单判断为美国的失业情况正恶化，进而表示美国经济转坏，推论美元汇价可能会下跌，并认为金价有机会上升。市场有可能会出现完全相反的结果，就是公布了5%失业率后，美元反过来上升，结果令金价下跌了。这是因为在数字公布前，市场会存在一个预期的数字，有机构或财经资讯公司会按他们所得的数字去预测一个未来的数字，而市场则以这些数字作预期中的数据。假如市场估计4月份的失业率有机会上升，预计的数字是6%，但4月份的公报数字却是5%时，市场会反过来有点惊喜，因而出现了反现象，金价不跌反升。

欧美国家的主要经济数据的资料是透明的，投资者都能够在主要的财经资讯公司或财经网站上找到这些数据公布的时间，并看到市场的预期数字和推测。投资者在分析这些数字时应该要把预计的数字因素一并分析，这样才能更准确捕捉到数据公布后，市场的反应和金价变化的走势。

8.6　美元汇价与金价的关系

前面的美元与金价关系的章节解释了为什么会有美元强金价弱的关系，黄金投资者可以反过来先分析美元的走势，再去推测金价的变动。但分析美元价格走势的难度可能和分析黄金价格的难度相若，黄金投资者当然要对美元汇价的走向有一个判断，但不一定要再花时间去研究所有对美元汇价能产生影响的因素，黄金投资者可以从美元汇价指数这一个反映美元强弱的数字来配合黄金价格分析。

美元汇价指数

美元汇价指数，又称为美元指数（US Dollar Index），是一个能反映美元在国际外汇市场上汇率强弱的指标数字，它根据美元指数内所选定的一揽子货币和美元汇价上的综合变化，经过数字的计算，得出一个可以作为衡量美元强弱的指标，并以此表示当时美元汇价的整体波动表现。美元汇价指数的比较基点是 1973 年 3 月份，通过十多种与美国贸易和美元汇价关系上的主要货币，来计算出最新的变化情况。现时投资市场看美元汇价的变动是看近期美元汇价的变化方向和幅度。

假如美元汇价只是一个计算所得的数字，它只能从数据中得到过去的表现。但金融市场将美元汇价指数衍生成一种可交易的投资工具，就是美元汇价指数期货，这种美元指数期货是可以在美国的纽约洲际交易所（简称为 ICE）买卖的期货合约，有了这种美元指数的期货交易后，除了可以利用它来对冲美元整体走势的风险外，投资者也可作为投资性的买卖。这令美元指数不再只是过去历史数字的反映，从美元指数期货的走势，也能分析出市场对美元在未来一段时间内走势的看法。黄金投资者可以利用美元汇价指数的趋势来分析，当发现有任何讯号出现在美元汇价指数的技术走势上时，可以此来配合分析黄金价格的走势。

图 2 说明：美元强黄金弱，或美元弱黄金强的关系是存在的，但两者

间的关系不一定即时在短时间的价格波动中反映出来。下图是美元指数（以左刻度显示的深色线）和黄金价格（以右刻度显示的浅色线）在过去30年来的走势关系，从两者的走势方向可观察到美元和黄金在价格走势上是逆向关系。

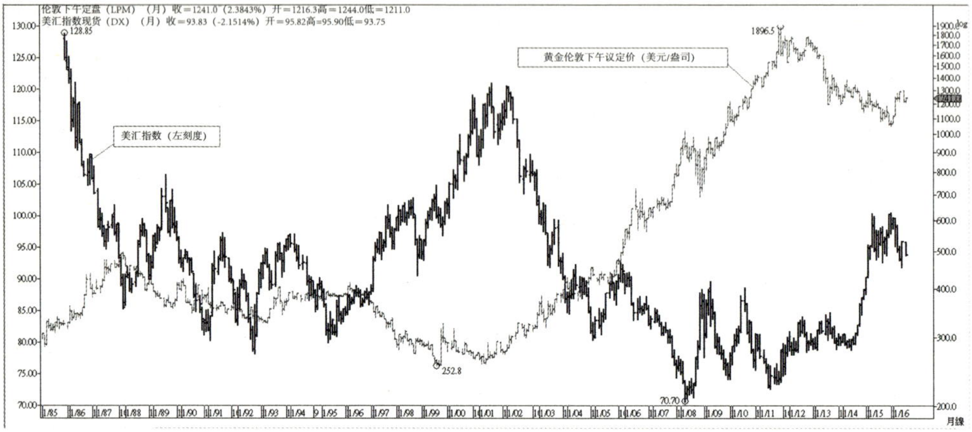

图 2　美元指数走势和金价走势的关系

8.7　油价对金价的影响

从金价的波动看，油价上升可以刺激金价上升，而当油价下跌时，金价也会产生下跌压力。会产生这种关系是基于投资者的心理，首先是投资者先认定油价的升跌对全球经济都有影响。由于石油在日常生活上的应用十分广泛，一旦油价上升，会刺激物价上升并带来通胀，而黄金是通胀下的最佳投资工具，因此，油价升→通胀升→金价升的互动关系便可用来解释和推高金价。

第二，油价能带动金价变化的原因，是在过去当中东地区出现政治上或军事上的紧张局势时，油价会受支持而上升，而这些政治上或军事上的紧张也同样会刺激金价上升，从价格波动方向上看，两者是同步的。

第三个原因是油价和美元的对价关系，油价也可看成美元购买力的指标，如果美元汇价强，一桶石油只需 80 美元便可以了，但如果美元汇价反复下跌，一桶石油的价值便要上升至 90 美元。从这个角度看油价和美元的关系时，与美元强弱而影响金价的变化也是同步的，油价因美元汇价转弱而上升时，金价只是受惠疲弱的美元，从而和油价同时向上。

第四个原因是市场曾多次传出，中东的产油国家害怕美元贬值，可能会考虑提出以黄金来定油价，即不是以 90 美元一桶来计价结算，而是可能以 2.5 克的黄金来计价。假如真的这样，当全球各国要买入石油时，便要先买入黄金，这对金价当然是利好的。但真的实施这个黄金定价的可能性不高，原因就正如现在不可能重回金本位制一样，全球黄金的流通量是不能够支持黄金作为一种结算货币的。但当油价上升时，类似的论调也会被拿出来作为支持黄金价格的因素之一。

第五个原因是市场有时候有一种期望的态度，因为投资者知道中东国家人民都十分喜爱黄金，因为油价上升，而令产油国家的政府和人民多收入了美元，这些美元就有机会流入金市，油价上升便暗示投入黄金的资金会加大，金价当然受惠。

总体来说，油价和金价两者间是没有直接的相互因素来影响对方的价格，投资者要先明白油价上升或下跌的具体理由是什么，然后再分析这些因素对金价应该会有什么样的影响，不能单独以油价的高低作为入市黄金交易的理由。

图 3 是一张黄金和油价兑换的变化图表，我们会用 1 盎司黄金能换多少桶石油来定立两者的关系。

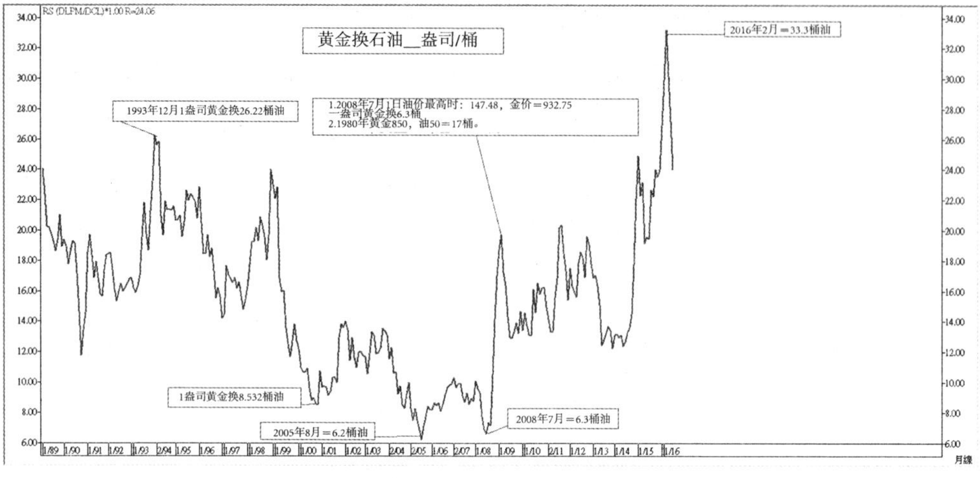

图 3　黄金兑换石油的比率数字变化图

图 3 说明：这张图表观察到在过去 20 多年来，每一盎司黄金价格能换算多少桶石油的变化。在 2008 年 7 月 1 日，当石油价格上升至每桶的 147.48 美元时，当时金价只是每盎司 932.75 美元，那时候，一盎司黄金只能换 6.3 桶石油。回想在 1980 年，当金价升至当时的历史高位每盎司 850 美元时，油价只是 50 美元一桶，当时是 1 盎司黄金可换 17 桶石油。从这兑换数字表的变化，可以看到金价和石油的兑换率并没有趋势和固定模式，因此两者并不是一种恒定关系。

8.8　利率高低对金价的影响

利率对金价高低的影响是很实质性的，正如利率对其他投资工具价格的影响一样，利率影响了投资成本、机会成本和回报率高低等因素。当利率上升时，黄金投资中的持仓成本因为以资金成本的考虑最大，因此利率上升会令投资者的黄金持仓成本增加。

黄金投资者买入伦敦黄金合约，在延迟结算的安排下，他只需付出美元和黄金的净利率，如果美元利率是 3%，而黄金利率是 1% 的话，他只

黄金情话

十年黄金变烂铜

在香港的黄金市场，有一句名言“十年黄金变烂铜”，当年说出这一句话的是一家黄金投资公司的黄金部门主管，这一句话在当时市场有很大回响，并曾引证过一段黄金市场的历程。

黄金真的会闲放十年后变成烂铜一文不值吗？从物理学上，黄金放千万年还会是真金白银中的真金。所谓十年黄金变烂铜是从投资回报上来说，如果手上持有黄金实物投资，十年后，从回报数字上看，黄金投资所得的回报可能真的是烂铜不如。

我们可以从两点来体会这句话，一是从利息成本上，20 世纪 80 年代初的利率是在相对的高位上，假设当时利率成本平均下来是 8%，投资者以 600 美元的金价买入黄金，如果投资者是以融资方式买入，在复利的计算下（为方便计算，以年利率 8% 计，实际上如果以每日延期交收来计算利率，这种日利率计算所得的成本会更高），8% 在 10 年后会将黄金的持仓价格由 600 美元提高至 1295 美元多，是原来的一倍多。如果金价在 10 年后原封不动，这位投资者手中所持有的黄金资产，计算付出的利息成本后，便得出了一倍以上的亏损。

“十年黄金变烂铜”这句话是从另一角度看黄金投资的最大缺点，就是不像股票、债券或银行存款可以带来红利或利息等收益，持有黄金只等待价格上升的话，假如金价停留不动，又或升幅低于利率成本时，黄金投资的回报吸引力并不高。

需按 2% 来计算持仓成本；当美元利率上升至 6% 时，持有多仓的投资者便要付出 6%–1%=5% 的持仓成本了，这对持有多仓的投资者来说是不利的，因而会对金价产生压力。

当利率处于高水平时，一般投资市场的回报率也会上升，但买入黄金后，投资者不能产生利息或红利收入，当利率上升时，等于是买入黄金的机会成本上升了，这也会打击投资者买入黄金的兴趣。

利率也是打击通胀的武器，在 20 世纪 80 年代初，欧美国家的通胀率甚高，政府很多时候会利用调高利率来打击通胀。当利率调升时，市场预期通胀会降温，从而金价有下跌的压力，利率升金价跌在这情况下也适用。另一方面，美元利率上升有利于美元汇价，美元强黄金弱的关系会是一个金价波动的因素。

2008 年金融海啸后，多国政府，包括中国和美国都实施很多政策来刺激经济，欧美多国都采用低利率政策，希望减低企业的利息开支和经营成本，全球利率一低再低，美元利率此后多年都处于一个极低的水平，因此难以看到利率高低和金价波动有着明显的关系。直到 2015 年美国经济回升，美元利率有转势向上的迹象，能看到金价明显受压由高位反复向下。

8.9 成交量和持仓量对金价的影响

分析和预测黄金价格的走势，除了在金价变化和波动中分析和研究外，市场的动力和情绪也是要留意的，因为它也能够产生推动黄金的力量。成交量是指某一天的市场交易量，成交量是市场投资气氛和投资者投资情绪是否热烈的一种反映，而市场气氛和投资情绪热烈与否也会影响金价。

举例说，某一天金价由 1500 美元上升至 1600 美元，市场的成交量是 200 万盎司，而另一天的金价升幅同样也是由 1500 美元上升至 1600 美元，但成交量只有 30 万盎司的话，后者市场的金价再上升能力和动力一定是较前者差，金价在前者的成交量支持下，很容易再向上升。

利用成交量只能对后市的能力和动力作一比较式的推论，因为成交量本身不具有方向性，成交量多少只是市场背景的一种显示，而不是影响金价的因素。

成交量数据的另一个不足之处是，我们只能从场内交易的黄金合约，例如上海黄金交易所、美国COMEX期金交易等，得出一个通过交易所买卖的成交量数字。现货形式买卖的伦敦黄金交易，或保证金形式的伦敦黄金合约都是场外产品，是交易对手形式的买卖，市场难以估计其实际的成交量，市场的活跃程度只能感受出来。

未平仓的持仓合约数字（Open Interest）

要利用投资者的交易买卖数据来协助分析金价走势的话，更有价值的是参考投资者买卖后的持仓量变化。所谓持仓量是指投资者以黄金合约的方式去买入或卖出黄金时，实际上并不是真正买入或卖出了黄金，他们只是看好的持有了多仓（好仓），或看淡的持有了短仓（淡仓）。这些持仓还有一个更形象的说法，是未平仓合约数字，未平仓合约的英文是（Open Interest），英文的意义更能代表这数字的背后含义，它是指市场仍存在的交易（平仓）兴趣。从这个还是敞开着，要处理的持仓数字变化，去分析和推敲未来金价的走势将会受到怎样的影响。

持仓量的数字本身和成交量数字一样，是不具方向性的，例如上海黄金交易所公布的持仓量是指所持多仓和持空仓的总数。因此在分析未平仓合约数字时，主要也是在金价怎样变动时，预期其他持仓者已经或将会作出什么反应。

我们先看看未平仓合约是如何产生的（假设数字以买卖双向来计算）：

2月1日A买入2手，B卖出1手，C卖出1手

未平仓合约便是2+1+1=4

2月2日A再买入1手，B买入1手，C卖出2手

未平仓合约便是3+3=6

如此类推，可看到未平均数字是记录整个市场所有的持仓数量。

因为美国期金在大部分时间内都能对黄金价格的整体走势产生影响，我们以未平仓合约的数字来分析全球金价的走势时，要分析的是美国COMEX黄金期货的持仓数字。COMEX的交易资讯是相当透明的，黄金的成交量，在交易日完结后便马上公布，而当天未平仓合约数字会在下一个交易日公布。

分析未平仓合约数字的重点主要是看市场的动力和承接力是在增加还是在减少，特别是在金价刚出现较大波幅之后。这个数字的变化一般是以下列的关系来对黄金价格走势作推论：

a. 金价上升，未平仓合约数字也上升

金价上升，未平仓合约数字也上升，这可推论为金价仍有力向上。因为在黄金价格上升的同时，市场投资气氛也在增加，金价升势由新进入市场的兴趣带动，市场上升力度足够，因此后市金价仍有力上升。

b. 金价上升，但未平仓合约数字明显减少

金价上升，但未平仓合约数字明显减少，这可推论为金价要进一步上升较为困难。因为在金价上升时，投资者不是在增加信心和继续买入，反而是持有好仓的投资者相继卖出平仓。而持有空仓投资者也在上升过程中平仓离场，缺乏买卖双方持仓者在高位进场，或在高位止损的向上推动力，因此金价在高位的承接力是不足的，金价持续上升能力存疑，金价甚至有可能出现短期回落。

当金价大幅下跌后，我们同样是利用上述两大原则，即分析刚结束的跌市是由投资者新的交易所导致？还是在金价向下跌的过程中，原有的持仓者平仓离场，以这两种推论来判断金价接下来的动力。

投资目的不同的持仓

投资者除了可在美国 COMEX 期金交易所查阅到黄金的总持仓数字外，还可以到美国的期货交易委员会去查阅一份更明细的黄金持仓量。这份持仓报告会将这些数字分类，例如分为商业性客户的持仓、交易套利对冲者，或非商业性（即投资性）的持仓。这些数字的变化更能准确评估出当金价波动时，这些持仓量的变化缘由，从而能对整个 COMEX 期金市场的市场动力有一个更清晰的概念和分析结果。

对中国黄金市场的投资者来说，要利用未平仓合约数字的变化来作为分析工具时，因为上海黄金交易所（T+D）黄金合约可以延迟结算，就等于可一直持仓下去，因此它不像期金合约的持仓受到期日限制，上海黄金交易所的持仓量在平仓的敏感度上，不如美国期金的大。再加上这个持仓数字夹杂有中立仓以及以（T+D）作为实金投资形式的长线持仓，持仓量数字的变化对金价走势的影响力是较低的。

上海期货市场的期金合约交易，因为是期货交易形式的持仓，分析的理据和 COMEX 相同，再加上上海期金交易的封闭性较强，这个持仓量数字的变化更能体会到投资者情绪的变化。但因为金价波动是全球性活动，上海期金的持仓量变化最多只能针对上海期金交易中的动力和情绪变化，仅对短期和上海期金的交易活动有影响，对金价波动的影响力并不大。

（COMEX 期金的未平仓合约可在交易所的网站 www.cmegroup.com 找到，COMEX 期金持仓数字的明细表，可以在美国商品期货交易委员会的网站寻找，网址是：www.cftc.gov）

8.10 黄金价格资讯

黄金价格资讯对黄金投资者来说是一个很重要的资讯和分析工具，但很多投资者要么是找不到在哪里可看到黄金价格，要么是找错了不适当的黄金价格，因而对黄金市场的波动摸错了方向。

指标性的黄金价格：国际现货金价

不管你是投资哪一种黄金产品，又或是在哪一个黄金市场进行黄金投资，例如上海黄金交易所，不要以为买卖的只是国内市场的产品，所以认为海外黄金价格资讯是不相关的。“同一个世界，同一个黄金”，金价是不分国内国外的，金价是一个全球性的价格，加上在分析金价走势时，全球都是以美元金价来定出目标的，因此投资者第一个要看明白的是国际金价。

国际金价的参考对象是伦敦交收现货黄金价，这个伦敦交收黄金的买卖因为有一套全球认同的规矩和流程，因此无论身在何处，同一时间的伦敦黄金价格是大致相同的，以伦敦金作为第一个参考价是应该的。

参考变动性的金价

第二点要考虑的是时间性问题，因为伦敦金价不像交易所买卖的黄金价格，伦敦交收金价没有一个统一的发放机构。一些较有公信力的机构，例如伦敦金银交易协会和世界黄金协会都有报出伦敦金价格，但他们的报价服务对象不是投资者，在时间性上没有需要和迫切性去报道即时的金价，这些官方网站的金价只能作为一个大概的价格参考。

一些国际性的资讯公司，例如彭博、道琼斯和路透社等都有即时的黄金价格，但这些报价服务都是要付费的。金融机构，例如银行和基金公司当然能负担这些每台终端月付一万至两万元（人民币）的价格，但对于个人投资者来说，这是一个不少的数目。

个人的黄金投资者有一个简单和免费的方法，就是登入已经开户的黄金交易公司，只要客户登入到可以进行交易的网页上，则可查询最新的黄金价格。

技术分析所参考的金价

当投资者要以技术分析工具分析金价，或作为入市依据时，或在制作这些图表时，除了需要能即时看到最新的黄金价格外，也要有合适和正确的价格来源。有些海外的黄金交易公司，在他们提供的黄金交易平台上会附有技术分析功能，制作图表的价格也是由黄金交易公司所提供。使用这些由黄金交易公司所提供的金价来进行技术分析时，要留意价格更新的时间和次数，假如碰上一些很敏感的技术价位时，单由一家公司的价格数据去观察，有时候会得出不正确或不及时的推论。

在互联网发达和不同的盈利模式经营下，投资者可以在互联网的世界找到很多资讯丰富而且免费的金价报价和技术分析工具。假如投资者是投资于伦敦黄金合约交易，在这些免费的资讯网站内可以找到多种金融投资产品的价格资讯，并可使用多种图表和技术分析工具。

期金价格资讯

美国COMEX的黄金期货价格也有参考价值，但它只适合有投资COMEX期金的投资者。期金价格在技术分析上的参考价值不高，是因为期金的交易有不同月份，不同的交易月份又会报出不同的期金价。即便我们以一个最活跃月份的期金价格作为参考，但也会因为随着时间的过去，活跃的期金月份转为平静、到期再重新开始。更重要的一点是期金价格因为包含了资金成本这个溢价，而溢价是会随期金接近到期日而减少的。

假设国际现货金价在过去一个月内都停留不动，现货黄金价格的走势就只能在一水平线上横行，从技术分析角度看，是没有发展出黄金价格的趋势。但假如是以期金价格来画图，即使现货金价不变，但期金高于现货黄金的溢价会随时间的过去而减少，图表上的期金价格走势便是倾斜向下，从技术分析的角度看，是一个下跌的趋势，这便会出现误导。

国内黄金价格的参考

国内的黄金投资者会对以人民币定价的黄金价格更有感觉和概念，虽然在分析全球黄金价格时不一定能产生明显效果，但投资者是利用上海黄金交易所作为投资平台，买卖上海黄金交易所的黄金合约的话，人民币金

黄金情话

打电玩游戏式的报价

由于伦敦黄金现货是场外交易，伦敦黄金的市场价格有可能不一致，甚至有时候是混乱的，当然，仍是乱中有序的。黄金交易公司的交易员可以透过电话互相询问对方的买卖价格，同时也可参考当时在路透社资讯机上的金价，客户查询金价时，报价是会和市场价格相差很少的。

当时路透社有一页报价画面，页码代号是 ASAP（即英文 As Soon As Possible 缩写，中文意思是最快最迅速的），这个画面有最新的美元外汇价格、金价和白银价。所谓最新金价，是由与路透社有线路联结的公司，由交易员在报价的键盘上输入自己最新的买卖价后，路透社将市场所有输入的价格按时间次序来显示。

这个路透社的报价除了是获得市场价格的主要来源外，有时候更成为占领这个报价位置好让其他人跟随的战场。因为输入的金价是全球都可以看到的，如果故意将金价输入一个偏高或偏低的价格，是有可能影响其他黄金公司的报价，甚至在相互作用下真的推高或推低了金价。

众多的黄金交易员都有自己的目标和想法，结果有时候交易员像打电玩游戏一样，不停地快速输入自己的报价，以求将在报价版面上的其他公司的报价打掉，换上自己的价格。黄金交易员便像打电玩游戏一样，用键盘将敌方的报价打下来。

价的变化会有一个策略上的影响，例如资金安排和交易的价位等。在进行技术分析时，人民币金价的变化趋势只能用来分析上海黄金交易所的本身价格趋势，但这个趋势还得要服从和跟随国际金价的走势。

8.11　金价走势的判断和预测

在一次黄金讲座开始时，我曾指出假如有黄金分析师说他十分厉害，在三年前已经预测金价可以超过每盎司 1800 美元，结果三年后金价真的突破每盎司 1800 美元，甚至上破 1900 美元，这位大师不应该被说成黄金分析师，我们只好形容他为风水师，也就是预言大师了。

因为若投资者要在买卖黄金前作一个分析和判断的话，我们需要的不是一个遥远的目标。举例说，以保证金形式买卖上海黄金交易所的（T+D）黄金合约、上海黄金期货或伦敦黄金合约等投资性的黄金工具时，我们要分析和预测的只可能是一个在未来 24 小时或 48 小时的金价波动方向和幅度。这个金价波幅的时间区域，可以短至即市或一天、两天，也可长至 3 至 6 个月，这要视投资者的投资组合和投资策略的目标区域有多远而定，同时也要考虑风险的接受程度。

假如你是一个黄金交易员，你要判断金价的走势只能是未来几分钟、几小时，或最多只是明天的金价变化。交易员的工作职责是要报出一个紧贴市场、合理估计完成交易后，有机会对冲、平仓和获利的价位。交易员只会思考以分钟计算的金价波动，他心中的获利目标也只是几毫或一两元的利润。即使交易员掌握金价走势能力很高，判断金价的变化很准确，他也不能期望手上的持仓能很快地为他带来二三十元的利润。大部分交易员只会在工作时间内报价、持仓和买卖，少数的交易员可能会有权限进行策略性的持仓，但持仓时限不会太长，一般只是一两天的时间。

黄金情话

我的成绩表

在我的黄金工作生活中，前期大部分时间都是以黄金交易为主，每天坐在交易台前，面对金价的波动与客户和交易对手买卖，对金价波动的判断主要以即市为主。要掌握到金价在短时间内的变化，大部分是以一种感觉去感应市场因素和市场买卖之间的角力，这便锻炼了我的市场感应能力。

在最近的十多年中，因为我已变成一个全方位的金融从业员，接触面扩大到不同的金融市场和投资产品，工作岗位也涉足管理、前线、后台支持、风险管理和顾问培训等。时间上难以让我坐下来，难以对黄金价格作分分秒秒的跟踪，不一定能及时分析和预测金价的走势。

2008 年起，我经常到内地担任黄金顾问和培训工作，为了让自己与市场紧密连接起来，我开始每周发表一篇名为“黄金投资锦囊”的黄金评论文章。在这篇短短不超过一千字的黄金分析评论的前部分，我总结了黄金价格在过去一周的走势变化，然后找出令金价出现这些变化的理由和原因是什么。金评的最后部分是我对未来一星期金价走势作出的波幅预测，预测的依据是在技术分析层面上以我感觉到的市场因素去判断金价的走向和动力。

我的金价走势预测能力又是一份怎样的成绩表呢？

为了让自己也清楚这个问题的答案，我每年都做一份成绩总结，看看准确度如何。由 2008 年至今，得出的成绩也算令我满意，准确程度是达到 80% 以上，最好的一年达到近 88%。

要做到这成绩并不难，以我在黄金市场40年的功力，还是有点本事的。但我清楚认识到投资的难度其实是在入市的掌握和对价格变化的应对上，很多投资者对金价都有很强的分析和预测能力，但往往被市场的变化和逆转所打败。

我经常提醒投资者，进行黄金投资不是等于加入黄金行业，黄金投资者不会像黄金交易员一样要天天工作。黄金投资者要捕捉的是金价波动的出现，和波动所能带来的获利机会。技术因素和技术分析工具不可能随时随地，或每天不断地提供买卖讯号，投资者很多时候只能是“守株待兔”等待讯号和机会的出现。

第二点要注意的是，投资者不要过分运用不同的技术分析工作。每种不同的技术分析工具，都有它自己的一套原理、运用法则和分析方式。同一时间使用几种投资工具作为互补和参考是可以的，但如果同时以多种不同的技术分析工具进行观察，得出的不同推论反而会令投资者摸不清方向。

有些投资者习惯等待讯号出现成功后才入市，举例说，当金价升破了1528美元，成功向上突破近三个月以来的阻力线，投资者得知这讯号出现后，自然是入市追买，希望未来金价继续出现升势。

而有另一类投资者是采“先死而后生”的策略，同样以阻力线作为分析工具时，他会等待金价接近阻力线的时候加强对金价波动的观察，若金价尝试向上突破不成功时，他不是再等待下一次突破机会的出现，反过来他在金价确定上试失败后在市场做空，并在阻力线的价格之上放一个止损买盘，当金价反过来出现突破，严格执行止损，这种先找出止损位才入市的买卖方式很多时候都能带来获利机会。

8.12 黄金投资锦囊：三大纪律、八项注意

除了黄金价格随时变化外，黄金市场和黄金投资环境也会有所变化，因此我不能简单写出一张锦囊或药方，让投资者遇到问题时，对号入座药到病除，我只能从最基本的思考和原则，去提点要制定和执行黄金买卖时要注意的地方。为加深投资者对这些思考和投资原则的印象，这个章节以“三大纪律、八项注意”的模式，将它们陈述和解释。

黄金投资三大纪律

第一，一切投资要量力而行。

黄金投资是一种值得去参与的投资，但投资者也要认识到黄金在价值永恒的优点下，套现能力和流通性都较其他主要的投资工具逊色；假如以黄金合约的方式进行黄金投资，除了保证金的准备外，还有机会遇上追加保证金的风险。因此，投资者在资金准备和资产配置上要量力而为，不要盲目追捧黄金，将所有鸡蛋放在一个篮子里。

第二，一切买卖要顺势而行。

大家都应该明白什么叫“螳臂当车”，以一个人的力量是不足以令整个市场发生变化的，因此投资者要遵守的纪律是紧跟市场形势，要顺势而行。这种市场形势是指黄金市场上所形成的价格趋势和市场情绪，例如黄金价格由2000年开始进入一个大牛市后，长线的黄金投资策略是以买入黄金为主，能顺应这大势直至它改变时，自然能捕捉到丰厚的投资利润；又例如当欧债危机在2010年浮现后，市场已经担心欧债危机在资金的流动性和黄金需求上，会对金价产生负面影响，市场的投资情绪开始有所改变，市场的拐点是在2011年9月初，金价上升至每盎司1921美元的历史高位后，价格在多次的反复中向下，这时候要顺应的是一个向下寻底的走势。

2013年4月12日，金价出现较大的跌幅，仅在短短两天内便下跌了

近15%，当时市场的气氛，特别是在欧美市场上是充满看淡情绪的，很多投资银行纷纷将金价的目标价下调至1200美元，股神巴菲特更表示金价在800美元以上的价位时，他都不会买入黄金。但金价在下跌后还是出现了一个小反弹，就是传出所谓“中国大妈”大手吸纳黄金现货和饰金，将金价起死回生。虽然这个急促的下跌，能给黄金消费者一个低位吸纳的机会，但在全球的投资情绪未好转时，金价在反弹至1400美元后又再被推低，“中国大妈”只是黄金跌势中的一个停靠站，不能算是成功扭转全球金价走势。

以投资行为来说，按照自己所定的价位去入市是可以的，但不要以为只要有一股力量便能改变一个市场，黄金市场和黄金投资交易的高度全球化，难以用一己之力来作出博弈。要顺势而行，不能逆市投资。

第三,一切止损要坚决执行。

在我多年的黄金生涯中，看到客户最惨痛的损失往往就是发生在坚持血拼到底的策略上，客户在买入或卖出后，有些人只会勇往直前，只知胜不知败。从不为自己放一个止损指令来平仓，结果当金价大幅波动时，得出的亏损往往超过他的承受能力。

另一种投资者是明白控制风险的止损是重要的，但心里总反反复复。入市买卖后，当价格逆移时，又舍不得马上以止损来确认亏损，心怀希望在金价随后的反复中以较有利的价格平仓，希望能减低损失，不将止损在原来既定的价格上执行，甚至将止损位一级级搬动，逃避被执行的机会。结果又是加大了损失，甚至最后被逼在不能应付的价格水平上止损，战至最后一滴血，把自己亏得不能翻身。

黄金投资八项注意

第一，注意黄金投资在资产组合上的比例。

黄金投资因为不能有利息或红利的收入，从长线的理财规划上看，它的回报能力只能靠金价的上升，在一个平衡和优化的理财组合中，我认为黄金资产不应该超过 30%。

假如投资者是以黄金合约作买卖，以保证金交易形式来买卖黄金的投资者，第一要注意资金的杠杆放大率不要超过 10 倍，第二是要准备多一倍的资金来应付保证金的需求和波动风险。将这两点加起来，即是只能以 5 倍的放大率去投资黄金合约买卖，而这部分资金因为风险高，资金占用额不能超过投资者理财组合中的总金额 20%，即投资者有总资产为 100 万元时，最多只能拿出 20 万元作为黄金保证金合约（例如（T+D）、上海期金或伦敦金等投资性的黄金合约产品）的投资，其中只能以 10 万元作为首次保证金进行交易。未得其利，先算其险。这是投资行为上的至理名言。

第二，注意黄金特性，选择合适产品。

不少投资者以为自己对黄金的价值很了解，又以为随便投资在任何的黄金工具上便可以。黄金投资工具是多元化的，投资者要清楚黄金的投资特点，明白投资工具的特性，选择适合自己的产品。其中，要考虑的因素包括：首先，自己的资金总额和能动用的资金金额，如果是实物黄金的投资，因为持有的时间较长，而且缺乏利息的收益，因此要有长线投资的备用资金；其次，自己的风险承受能力，如果是以杠杆形式去投资黄金，投资者要清楚知道自己能不能接受黄金波动时所带来的风险和损失；最后，考虑对于所投资的黄金产品自己的认识能力和交易能力是否足够等。要对黄金投入感情，就要先了解黄金和自己的特性，匹配才能有美好结果。

第三，注意市场资讯，建立讯息渠道。

投资者参与黄金投资时，要有黄金市场、黄金价格和黄金供求等相关的新闻和讯息的接收渠道，否则只凭空以自我为中心，想象黄金价格如何波动是不行的。投资者能接触黄金资讯的方式和渠道有不少，金价行情、报章杂志、财经报道和分析评论等都是不必花费大量金钱或时间便可得到，投资者要借此来认识市场的情况和感应市场最新的变化。

第四，注意金价走势变化，确认入市时机。

投资者分析过黄金价格的走势后，应先确认是否有一个入市的理由。

投资者买入黄金的理据是什么？是因为金价已经回落至低位？还是因为技术性的买入讯号已经出现？定出入市理由后，便要注意金价的变化，金价走势和入市理据表现一致还是已经有所差异呢？

投资者不要因市场的波动而急于入市，在分析和确认出一个入市理由后，便要注意金价在随后的变化，在合适的时候入市，黄金入市投资的机会多的是，宁愿错过，不要买错。

第五，注意有风帆尽开，有利应尽取。

投资者经过自己的分析，或借助技术分析工具的配合，要准确分析黄金价格走势是不难的，但投资者往往在看对金价走势时，并不能获得最大化的投资结果，其中最常见的一个原因是，每次准确判断金价走势时，投资者只能捕捉到金价波动时的前期利润，未能大丰收。

欧美的投资学问上，有一句话叫“Let the profit run”，就是碰上有利润出现时，要让它尽量放大，在判断正确时，大幅度获利。这正是有风之时，要将帆尽量打开，将结果最大化。

每个投资者都希望利润越大越好，但当金价有波动时，投资者敌不过这种利润时大时小的心情忐忑，很多时候只要在小逆转后便急于平仓。要抵消这种心态的影响，投资者可在利润出现时，利用止损（实际上是止赢）的方式将获利的平仓指令一级级向上搬高，当金价未能再扩大利润空间时，也能保住次一级的利润，以此接力推高的方式，得到最大的投资利润。

第六，注意积少可成多，明白高回报高风险关系。

黄金价格的波动既大又快，投资者如果掌握不到黄金买卖技巧，盲目投资在高风险的黄金合约交易，往往只会是在高风险中损失离场，而不是因它冒着高风险而有高回报。

有些保守的投资者会认为，自己不太认识黄金投资，买入黄金后，只得几千元利润兴趣不大，从而减低了投资黄金的兴趣。我们可以以积少成多的方式去进行稳妥但回报高的黄金投资。将黄金投资的每次投资目标缩小，即使每个月的黄金买卖只有1%的回报，一年也能有12%了。每个月进行一至两次短期的黄金买卖，预期的回报不必高，当金价能有 1% 至 2% 的波动时，获利空间和机会肯定是有的。

第七，注意投资陷阱，小心资金安全。

国内投资者除了可通过上海黄金交易所、上海期货交易所或银行的黄金交易进行黄金投资外，也会经常碰到海外的黄金交易公司在进行业务宣传或推广，甚至开户进行买卖。因为以现货形式进行的黄金买卖，例如伦敦金的交易，没有一个监察市场的运作和交易机构，因此这些海外黄金交易公司是良莠不齐，部分公司运作上和资金安全上都相对地有风险，投资者要小心选择这些公司进行开户。

更加要注意的是不要随便相信高回报的资金投资计划，或以授权方式将黄金买卖的交易权随便委托这些公司的业务人员来进行，否则投资者除了面对随意的交易和金价波动的风险外，这些公司出现问题时，投资和资金安全都会令投资者有损失的可能。

第八，注意适当投资，切勿沉迷赌博。

黄金投资是一门金融投资，投资者只是利用黄金价格的走势和波动机会去交易获利。投资是要找寻机会和等待机会的，黄金价格的波动多，幅度大，投资者不要以为自己可捕捉每次的机会，也不要将投资变成赌博，把黄金投资变成天天欲罢不能的买卖，这种赌博心态和方式只会带来亏本的结果。

结语

人类学家说：人和动物最大的一个不同点，是人类是一种多感情的动物。人可以对事物有感情、对宠物有感情、对朋友有感情、对爱侣有感情，对家人有感情，等等，我只不过是多了一份对黄金的恋情。

我爱恋着黄金的特性和金融投资的角色，我爱恋着黄金为我工作和专业所带来的一切。40 年的爱恋至今，丝毫也没减少，我还是那么关心和记挂她。

基于时间、条件和能力所限，我已尽力将自己 40 年来在黄金领域上所实践和积累的交易和买卖经验，以及对不同黄金市场和投资工具的了解和认识融入这部书中。希望能够有效、有系统、有层次的让读者和投资者吸收这些知识和经验。

希望这本书能够成为一本专业、实用并经得起时间考验的黄金投资工具书，它所产生的作用像黄金的价值一样，珍贵和恒久，帮助大家继续对黄金保有这份美好的恋情。

作为一个中华儿女的黄金从业员，我也常怀着一个中国黄金梦想。希望看到中国的黄金市场逐渐成长、成熟，希望看到国内投资者更为专业、更加理性。随着中国金融市场的改革和开放，国内投资者对各种金融市场和金融工具的认识已经日渐加深。但以散户来说，盲目跟风、人云亦云的现象依然存在。常见的例子就是将影响黄金升跌的因素简单化、将黄金投资简单化，忽略了黄金价格和黄金市场的全球关系。

我的黄金梦是希望能看到一个与世界黄金市场接轨的中国黄金市场，以及中国黄金市场的金价能真正的具有流通性和影响力，这样中国才能参与并成为世界黄金市场的重要成员。

“给中国一个黄金机会，还世界一个黄金市场。”

图书在版编目（CIP）数据

和黄金谈恋爱 / 文刚锐 著.— 北京 : 东方出版社，2016.9
ISBN 978-7-5060-9218-0

Ⅰ. ①和… Ⅱ. ①文… Ⅲ.①黄金市场—投资—基本知识 Ⅳ. ①F830.94

中国版本图书馆CIP数据核字（2016）第227493号

和黄金谈恋爱

（HE HUANGJIN TANLIANAI）

作　　者：文刚锐
责任编辑：徐　玲　李宛霖
出　　版：东方出版社
发　　行：人民东方出版传媒有限公司
地　　址：北京市东城区东四十条113号
邮政编码：100007
印　　刷：北京中新伟业印刷有限公司
版　　次：2016年10月第1版
印　　次：2016年10月第1次印刷
开　　本：710毫米 × 1000毫米　1/16
印　　张：14.5
字　　数：130千字
书　　号：ISBN 978-7-5060-9218-0
定　　价：38.00元
发行电话：（010）85924663　85924644　85924641